W0218997

Tikatoûtîn

Marceau Gast

Tikatoûtîn

ⵜⴾⵜⵓⵜⵏ

Un instituteur chez les Touaregs,
itinéraire d'un apprenti ethnologue

Éditions de La Boussole

Notes de l'auteur :

Tikatoûtîn veut dire *Souvenirs* en langue tamâhaq (berbère du Hoggar), et qui s'écrit, en caractères spécifiques, les *tifinars* (+:·+:+I).

Les textes du « Carnet de route » ont été écrits sur le terrain entre 1951 et 1956. Ils n'ont été ni retouchés, ni remaniés depuis.

Nous disons Hoggar ou Ahaggar qui est le nom berbère du pays des Kel Ahaggar, « gens de l'Ahaggar ». Ce nom a été contracté en Hoggar par les Arabes et adopté en langues européennes.

La Boussole
21, rue de la Tuilerie
38170 Seyssinet

Photos de Marceau Gast, sauf mentions contraires.

Dépôt légal : octobre 2004
Pour la France : ISBN : 2-915592-02-0
Pour l'Algérie :
- Éditions INAS : ISBN 9961-762-12-6 ; DL 2530-2004
- CNRPAH : ISBN 9961-716-08-6 ; DL 2536-2004.

Imprimé en France

« À l'abri dans mon *asaber* (natte paravent), je vis bien mieux que dans une confortable tente. Quel bonheur de se coucher sous le vaste toit de la nuit, face aux merveilles du ciel étoilé, dans l'air du soir et sa paix, s'éveiller dans le petit froid du matin parmi les cris des chèvres, les appels des bergères et rester sur sa couche à attendre la minute bénie où le soleil apparaît tout neuf derrière les monts de l'horizon, pour se sentir baigné de sa chaleur bienfaisante, si consolante après les morsures du froid de la nuit !
Avec le bruit du bois brisé pour allumer le premier feu, celui très doux des flammes sous la bouilloire qui ronronne, la vie revient lentement, confortée par la chaleur du foyer et celle du soleil. Toute parole est incongrue, déplacée ; le corps se réchauffe lentement, l'esprit rêve encore, il suffit de laisser glisser le temps pour connaître ces moments de profonde volupté. »

Dans *l'Atakor* (1953)

Introduction

Ce que j'ai vécu parmi les nomades touaregs durant trois années (de 1951 à 1954), puis à Tamanrasset (1955-1956) représente une expérience forte, profonde, difficile à raconter et à transmettre. À quoi bon parler du Vrai, du Beau à un monde d'aveugles, saturé d'agitations, de bruits, de gadgets, ignorant l'ascèse du silence, silence créateur en face de la beauté pure, intégrale, d'une terre vierge, minérale dans ces immensités sahariennes !

Et pourtant, un devoir de mémoire m'a tracassé au moment du bilan d'une longue vie d'espoirs et de désillusions, de réussites et d'échecs dans un monde constamment remis en question, en gésine à l'échelle de la planète. Quelle que soit notre illusion de liberté individuelle, l'eau qui coule à notre robinet, le pain que nous mangeons, le confort douillet de notre habitat sont les produits d'une longue chaîne de savoirs accumulés depuis des millénaires et qui fonctionnent aujourd'hui dans des systèmes devenus implacables. Mon expérience de nomade parmi les nomades m'a révélé toute la relativité de notre vie dite « moderne ». Car devoir imaginer et réaliser tous les jours les moyens de sa survie avec un seul troupeau d'animaux et les quelques ustensiles indispensables sous une tente, nous débarrasse tout d'un coup l'âme et l'esprit de cette véritable armure dont nous pare notre société occidentale.

Après les premiers moments de panique et de vide qui peuvent aller jusqu'à la dépression, le regard des autres qui, de plus, sont nos hôtes, opère tel un coup de fouet sur l'animal qui hésite à tirer une lourde charge. Commence alors l'apprentissage de la fierté, du courage, de l'amour propre. Point n'est besoin de discours philosophique, d'introspection ou de lamentations. La leçon est muette, quotidienne, lancinante ou même brutale. Pas de fuite, d'échappatoires ; les réactions doivent être immédiates, positives, sinon gare aux faux pas. Ceux-ci ne se rattrapent guère. L'observation, l'appréciation des nomades, et des Sahariens en général, sur un individu sont toujours fines, exactes, même si elles ne sont jamais proclamées en clair. À tel point que ceux-ci savent par avance quels seront les comportements d'un tel ou d'une telle. On laisse dire ou faire les orgueilleux, les vantards, jusqu'à ce qu'ils soient confondus. Mais on arrête les lâches et les médiocres quand ils nuisent à la société ou risquent de la déshonorer. Cet autocontrôle, cette autorégulation qui s'opèrent dans des petits groupes sociaux qui sont autant de grandes familles, développent une qualité morale exceptionnelle qui n'est pas nécessairement d'origine religieuse. Elle est endogène, car elle est issue d'une longue tradition locale qui n'a pas eu besoin d'agents extérieurs pour naître et fonctionner. C'est du moins ce que j'ai perçu parmi ceux qui m'ont accueilli en tant qu'instituteur nomade durant les années cinquante.

Désormais, les interventions de l'État-nation après celles de l'époque coloniale, de ses structures administratives juridiques et politiques omniprésentes en apportant un mieux-être, une assistance économique, des postes de travail, ont fait reculer la valeur intrinsèque de ces sociétés, leur originalité, leur langue et leur culture.

Si un sous-préfet militant a fait déguerpir les esclaves des campements en Ahaggar pour leur apprendre à cultiver la terre en 1963, le problème de cette libération n'a pas été très traumatisant de part et d'autre, car les esclaves étaient peu nombreux et ne revendiquaient qu'une liberté et un droit au travail qu'ils ont rapidement obtenus. La relation filiale avec les anciens maîtres n'a pas été rompue ; un respect mutuel assez troublant s'est parfois établi, à tel point qu'avoir été esclave chez l'aménokal (qui avait prévu de libérer ceux-ci après sa mort par testament) est devenu pour les survivants, une référence semblable à une parcelle d'aristocratie. Leur comportement est toujours digne ; les plus actifs ont bâti leur maison, fondé une famille et envoyé leurs enfants à l'école pour atteindre souvent un très bon niveau (infirmier, technicien, informaticien, etc.). Car déjà avant l'indépendance de l'Algérie, des pensionnats accueillaient à Tamanrasset, à Abalessa, Idelès et Tazrouk de nombreux élèves issus de familles nomades ou originaires de villages qui n'avaient pas d'école. La création de collèges avec pensionnats s'est accélérée après 1963-64 en Ahaggar comme ailleurs au Sahara, car elle faisait partie de la politique de scolarisation de l'Algérie (et aussi d'une volonté d'arabisation).

Mais avant cette prise de conscience et l'intérêt accordé aux populations sahariennes provoqué par les découvertes du sous-sol (gaz et pétrole), des expériences de scolarisation d'enfants nomades avaient été réalisées au Niger, au Mali (à l'époque Afrique occidentale française) et au Hoggar. Les administrations coloniales qui géraient le Niger et le Mali n'avaient pas du tout le même état d'esprit qui régnait au Sahara et qu'avaient établi des hommes comme Lyautey et Laperrine. Leur politique « d'apprivoisement » de populations habituées à gérer leurs territoires et qui voyaient des étrangers prendre les rênes de leur pays a évité bien des révoltes et incompréhensions réciproques. En outre les Touaregs du Hoggar qui avaient été longtemps considérés comme les plus hostiles, les plus difficiles à gérer en raison de la géographie de leur pays, de leur résistance armée, du mystère dont ils s'entouraient et des structures de leur hiérarchie, ont bénéficié d'un régime de faveur par rapport aux autres fédérations touarègues. Dans les années cinquante, l'aménokal du Hoggar avait encore un grand prestige politique. Il discutait d'égal à égal avec l'administration militaire française qui redoutait le moindre faux pas, l'orgueil et le caractère autoritaire de celui qui venait d'être élu en 1950 : Bey ag Akhamouk.

À cette époque Tamanrasset, devenue indépendante d'In Salah sur le plan administratif, comptait environ mille habitants dont une centaine de Français (militaires, fonctionnaires, techniciens des services météo et de la physique du Globe). Un instituteur audacieux obtint en 1947 la création d'une école primaire après quelques expériences pédagogiques effectuées par des bénévoles civils et militaires. Immédiatement durant cette année-là, cet enseignant alla, avec l'aide des militaires, visiter plusieurs campements nomades et en particulier celui de l'aménokal qui se situait prés d'Abalessa. Usant d'interprètes, il convainquit le chef des Touaregs d'instruire les enfants de son campement pour les préparer à connaître le monde moderne afin de ne pas les laisser en marge de l'évolution qu'allaient connaître tous les Sahariens. Après plusieurs visites, l'aménokal et ses conseillers acceptèrent le principe de recevoir un instituteur en permanence qui vivrait sous la tente dans leur campement et dans les mêmes conditions matérielles qu'eux-mêmes en suivant leurs déplacements.

L'année suivante, en 1948, le directeur de cette école partait d'Alger avec un véhicule tout-terrain (dit aujourd'hui 4x4, c'est-à-dire muni de deux ponts avec quatre roues motrices) vieux Dodge à essence, récupéré dans les surplus des matériels militaires américains, et accompagné de deux instituteurs volontaires pour assurer deux classes nomades : l'une chez l'aménokal, l'autre près de la frontière malienne à Tin Zawatène.

Les deux mille kilomètres de trajet entre Alger et Tamanrasset n'étaient goudronnés que jusqu'à Médéa ; le reste étant de la piste plus ou moins difficile et souvent dangereuse comme celle du Tadmaït après El Goléa et entre In Salah/Tamanrasset. Avant la mise en service des liaisons aériennes, il fallait deux ou trois semaines pour arriver à Tamanrasset sans compter les pannes, les crues d'oueds ou les éventuels vents de sable. Car aller dans le « Grand Sud » était une aventure. Les chauffeurs de la Société Algérienne de Transports Tropicaux (SATT) qui mettaient un mois pour livrer des citernes de vin, du ravitaillement ou des matériels de construction, étaient auréolés de prestige et de respect comme des commandants de navire traversant l'Atlantique. Car le désert était effectivement un océan de sable et de pierres qui demandait un savoir-faire spécifique, du courage et de l'audace, pour faire face à toutes les situations (pannes mécaniques, ensablements, etc.), à tous les dangers. La charge émotionnelle était donc forte dans ce Grand Sud et qui plus est, face à ces hommes voilés que l'on connaissait peu, chargés de mystère.

Arriver dans ce contexte pour un jeune homme de vingt-trois, vingt-quatre ans, plein d'énergie et d'illusions, mais pas encore aguerri, était une épreuve de vérité passionnante mais brutale. Ceux qui m'avaient précédé avaient plus de trente ans, une expérience sociale et pédagogique, une maturité que j'enviais. En outre, la discrétion étant de règle, rien n'était conçu pour initier les nouveaux venus : pas de conseil pédagogique, ni de conseil de classe, pas d'informations organisées sur le pays, etc. Il fallait bien ouvrir ses oreilles pour décrypter le fonctionnement de la microsociété de Tamanrasset, enregistrer le vocabulaire spécifique du pays et de ses habitants (géographie, noms des tribus et de personnalités, hiérarchie, mœurs et coutumes, etc.). Le seul document qui pouvait nous être utile était le « rapport Florimond » (chef de l'Annexe du Hoggar de 1938 à 1942) que tout le monde s'arrachait. La première monographie d'Henri Lhote (« Les Touaregs du Hoggar ») n'avait été publiée qu'en 1949, et la deuxième édition revue et augmentée ne parut qu'en 1955.

C'est donc en terrain nu et découvert que je fus déposé un mois après mon arrivée, avec mes bagages, du ravitaillement pour un ou deux mois, accompagné d'un cuisinier qui devait me servir à la fois de guide, d'interprète et préparer mes repas (recettes du pays dans un régime plutôt spartiate). Mon but essentiel était de réussir cette expérience pédagogique dans les délais les plus rapides, affirmer mon savoir-faire pour prouver que la classe sous la tente n'était pas une fumisterie et que les valeurs de l'école laïque et républicaine n'étaient pas un vain mot. Car les railleries, les sous-entendus et le scepticisme des Français de Tamanrasset demeuraient un handicap supplémentaire pour le nouveau débarqué. Le monde de Tamanrasset et du Hoggar dans les années cinquante, avant le boom pétrolier, représentait une entité territoriale d'une surface équivalente à celle de la France sous la houlette d'un capitaine, « chef d'annexe », qui avait le rôle d'un sous-préfet dont l'autorité de tutelle était à Ouargla, à mille kilomètres plus au nord. Les fonctionnaires de l'Éducation Nationale, de la Météo, de la Physique du Globe (Observatoire de Tam) étaient en principe indépendants des pouvoirs militaires. Cependant le « chef d'annexe » rédigeait chaque année un rapport d'activité sur tous ces services et un rapport moral (non public) qui consistait à évaluer l'opinion politique et le comportement social de chaque Français. Un réseau d'informateurs, plus ou moins rémunérés, était à l'écoute des moindres nouvelles dans un pays où les premiers échanges après les salutations étaient toujours : quelles sont les nouvelles ? (*Issalan ? Wach el Khbar ?*).

Avec le recul du temps et les mutations actuelles des sociétés, tout ceci peut paraître dérisoire, minuscule. Mais le travail de fourmis laborieuses de ces Français du « bout du monde » a cependant eu des conséquences positives, profondes, dont on n'a pas toujours mesuré les impacts sur la longue durée. En octobre 2002, durant un voyage d'un mois sur les lieux de ma jeunesse, j'ai pu retrouver, à cinquante années de distance, ceux qui se souviennent avec gratitude et émotion de leurs classes, qui désormais font tous partie de l'élite locale, de ses cadres et chefs d'entreprises. Il en va ainsi de graines répandues dans le désert qui, à la faveur de bonnes pluies après des années de latence, couvrent miraculeusement de leurs fleurs resplendissantes des centaines d'hectares de terres que l'on croyait toujours arides. Comme les fleurs du désert, l'énergie des hommes peut s'épanouir rapidement quand ils maîtrisent tout d'un coup les moyens de leur survie avec de nouveaux savoirs. N'est-ce pas là, la plus belle de nos récompenses ?

Mes jeunes années

Mon père était fils d'un receveur des postes d'un bon niveau intellectuel, on le disait « instruit » (car il avait certainement reçu une formation et passé des concours), mais d'un caractère très autoritaire, plutôt libertaire ; il avait refusé tout net de s'orienter vers l'agriculture, alors que toute sa famille, venant de Cessenon près de Béziers, pratiquait la viticulture depuis plusieurs générations.
Ce grand-père irascible avait eu deux garçons d'une première union, puis s'était remarié avec une femme beaucoup plus jeune que lui, dont il eut trois autres enfants. Il éloigna ses deux premiers garçons de son foyer en les envoyant travailler adolescents dans des familles françaises. C'est ainsi que mon père se vit contraint de partir au Maroc dans une ferme, comme ouvrier agricole. Quand l'âge de sa circonscription arriva, c'est donc au Maroc qu'il accomplit son service militaire qui, à l'époque, durait deux années. Étant né en 1891 il était de la classe onze et resta « sous les drapeaux » jusqu'en 1914. Sur ce, la guerre entre la France et l'Allemagne est déclarée en 1914 et, connaissant mieux le Maroc, mon père s'engage dans les « chasseurs d'Afrique » chargés de surveiller le *bled essiba,* région est du Maroc en dissidence permanente. C'est ainsi qu'il resta mobilisé sept années consécutives qui marquèrent beaucoup son caractère et son affectivité. Cette coupure dans sa jeunesse aggravant la frustration d'une vie familiale qui lui fut refusée, développa en lui un ressentiment permanent, un caractère colérique et révolté, accompagné dans ses moments émotifs d'un bégaiement dont il souffrait beaucoup.

À sa démobilisation au retour du Maroc, il revint épuisé par des années de souffrances physiques, de maladies parasitaires, de mauvaise nourriture sous les chaleurs éprouvantes du Maroc oriental. Il se maria très vite avec une jeune fille du village de Saint-Ferdinand où vivait sa famille. Les parents de ma mère, originaires de Busot près d'Alicante, travaillaient dans une grande ferme créée après 1830 par les Pères Blancs et rachetée en 1908 par Lucien Borgeaud, Suisse d'origine. La Trappe de Staouéli était un domaine situé à vingt kilomètres à l'ouest d'Alger et qui comportait deux mille hectares d'un seul tenant (après l'extension du domaine acquis auprès des Pères Trappistes), conçu pour produire des fruits et légumes, mais surtout du vin et du raisin de table. Plusieurs dizaines de familles françaises vivaient dans les bâtiments du domaine et ses fermes environnantes, occupant aussi plusieurs centaines d'ouvriers musulmans assurant la main-d'œuvre de tous les travaux agricoles, la conduite des animaux tractant charrettes, tombereaux, etc. Il y avait en 1930 très peu de véhicules automobiles.

Henri, le fils de Lucien Borgeaud, fut parmi les premiers ingénieurs agronomes sortis de l'école d'agronomie de Maison Carrée, créée par ces grands colons algériens qui avaient besoin de former leurs propres cadres.

Mon père obtint un emploi de contrôleur des heures de travail des ouvriers, dont les chantiers se trouvaient à des kilomètres de distance les uns des autres. Comme il était bon cavalier, un cheval de selle lui suffisait pour passer à travers champs et forêts sans difficulté. Il s'exprimait très bien en arabe dialectal et évitait ainsi bien des incompréhensions avec des ouvriers qui ne parlaient pas français. C'était « le pointeur », à la fois contrôleur et interprète. Il gagna l'estime de ses employeurs.

Quelques années plus tard, monsieur Henri Borgeaud eut besoin d'un gérant dans une partie du domaine proche de la mer et appelée par les Pères Blancs « Aiguebelle » (par analogie avec leur maison d'Aiguebelle en France). Il fallait à partir d'Aiguebelle, et sous le contrôle d'un directeur général des domaines, coordonner les travaux d'une dizaine de métayers répartis sur huit cents hectares dans des petites fermes comportant chacune une habitation, des animaux de trait, des outils, des magasins, etc. Le gérant précédent avait obtenu, pour lui et sa famille, la construction d'une grande et jolie maison dans un magnifique site en surplomb d'un beau paysage à l'orée d'une petite forêt, à quelques centaines de mètres de la ferme d'Aiguebelle, et qui devint la nouvelle habitation de mes parents.

À partir de cette nouvelle situation, la vie de ma famille a changé ; mon père entrait dans la catégorie des cadres. Car au début de leur mariage, mes parents n'avaient aucun héritage et ma mère comptait ses sous à un centime près ; nous avions un régime alimentaire extrêmement strict et rigoureux pour arriver aux fins de mois. À Aiguebelle nous entamions une autre vie, exceptionnellement belle sur le plan qualitatif et plus confortable, malgré le salaire dérisoire de mon père. Car dans la gestion comptable du domaine, le patron totalisait les biens matériels qu'il offrait à ses cadres, c'est-à-dire le logement, le lait, les fruits et légumes, le vin ; situation fort enviable à l'époque. À ces avantages s'ajoutait une petite participation aux bénéfices réalisés sur les récoltes, lesquels étaient aléatoires et modestes, car tous les comptes restaient dans le secret du « Bureau », cellule comptable de l'ensemble du domaine.

C'est dans cette ambiance campagnarde avec une petite forêt merveilleuse, pourvue d'une source attenante à notre maison, le tout entouré d'un grillage protecteur permettant à nos chiens de garde de connaître les limites à protéger, que j'ai grandi et rêvé longuement. De santé plutôt fragile, j'étais malingre et sans appétit entre six et douze ans, j'avais une grosse glande sous le maxillaire droit qui inquiétait beaucoup ma mère, redoutant de me voir atteint de tuberculose.

De la grande terrasse de notre maison, on découvrait un large horizon de mer avec la presqu'île de Sidi-Ferruch (Sidi Fredj) à l'ouest (où débarquèrent les premières troupes françaises en 1830), et à l'est la pointe rocheuse de La Madrague. Entre ces deux sites se situait l'immense plage de sable que les troupes anglo-américaines avaient choisie pour débarquer le 8 novembre 1942 au lieu-dit « le Club des Pins » (loti en partie de villas luxueuses sous les pins). J'ai vécu jour après jour ce débarquement inattendu avec passion. J'allais à pied ce dimanche matin du 8 novembre pour me rendre avec ma sœur à la messe dans la chapelle de La Trappe, quand nous avons remarqué des soldats casqués et peinturlurés qui avançaient avec prudence d'arbre en arbre comme s'ils s'attendaient à être attaqués. On ignorait à ce moment-là ce qu'ils venaient faire dans cette paisible forêt et l'on riait de leur prudence qui nous paraissait exagérée et un peu ridicule, car nous étions totalement innocents sur le plan politique.

Ce matin-là l'horizon maritime en face de notre maison était tout à fait opaque. L'on entendait des explosions sourdes qui ressemblaient à des coups de tonnerre. Quand cette brume épaisse se leva en fin de matinée, nous aperçûmes alors une véritable armada de bateaux de toutes sortes avec des avions qui sillonnaient le ciel et combattaient déjà les avions allemands venus en reconnaissance. Puis une cohorte de véhicules militaires (Jeep, GMC, camions amphibies, camions grues, etc.) se mit à défiler sur notre petite route venant de la mer et allant en direction du domaine de La Trappe, s'installant partout dans les forêts en se préparant à marcher vers Alger.

Dans l'après-midi nous reçûmes la visite de deux officiers britanniques qui sollicitaient d'être hébergés dans notre maison. L'un d'eux parlait très bien le français et nous présenta son colonel qui, dans un langage hésitant, nous dit : « le capitaine est le fils de Winston Churchill ». Ma mère leur offrit le soir un bon repas et ils repartirent le lendemain avec leurs troupes. Ce débarquement américano-anglais eut pour nous l'effet d'une grande délivrance qui libérait les esprits du poids de la propagande de Vichy, de la méfiance permanente dans laquelle nous vivions sous la menace de dénonciations ou de délations mensongères. En outre, nous avions tout d'un coup la possibilité d'accéder à des produits alimentaires américains qui venaient combler les pénuries de notre ravitaillement (farine, beurre, boîtes de conserve de toutes sortes, etc.).

À l'école de Staouéli on levait le drapeau chaque matin et l'on chantait des chants patriotiques dont le fameux « Maréchal nous voilà ». Nous percevions mal dans notre campagne les enjeux internationaux, le rôle néfaste de l'Allemagne et du gouvernement de Vichy. L'important était de ne pas trop émettre d'opinion à contre-courant, car c'était le patron qui donnait le ton, renseigné par son petit réseau d'informateurs bénévoles (personnes toujours empressées de se faire prévaloir). Mes parents savaient tout cela et mon père criait souvent sa révolte en famille, sans témoin. Il était très fraternel avec tous les ouvriers de la ferme, avait tenté de leur dispenser des cours de français (lecture et écriture) le soir, gratuitement, pour leur apprendre à signer de leur nom (car pour tout papier il leur fallait payer deux témoins) ; mais cette expérience passionnante fut coupée net par la réprobation du patron averti par l'informateur de service.

Durant les « grandes vacances » d'été (de juillet à septembre), je n'étais pas autorisé à sortir du périmètre des jardins de notre maison et, voyant mon ennui, mon père me dit un jour : « Va donc apprendre l'arabe à l'école coranique du douar, j'avertirai le tâleb ; tu feras au moins quelque chose de tes vacances ! » J'avais huit ans et ce fut pour moi l'occasion d'avoir des petits copains musulmans de mon âge. J'avais donc suivi assidûment durant deux étés l'apprentissage des sourates que le tâleb nous écrivait sur nos planchettes enduites d'argile. Nous rincions et effacions à l'eau les écritures saintes, après avoir appris par cœur chaque sourate. Ainsi, j'ai appris une trentaine de sourates que les ouvriers de la ferme me faisaient souvent réciter avec émerveillement, pour éprouver mon savoir. Malheureusement je n'ai pas continué cet apprentissage les années qui suivirent (je crois que le tâleb était parti). Je n'ai pas suivi de cours à l'école (les cours de langues n'existaient pas) en sorte que quelques années plus tard, j'avais tout oublié mis à part la première sourate appelée la *Fatiha*.

Je ne parlais pas en arabe avec mes petits camarades, mais dans une espèce de sabir franc-arabe émaillé d'insultes et de grossièretés. C'était une éducation un peu rude, car dans ce milieu de gamins, la première chose dont on parlait c'était du sexe, des femmes, dans un langage ordurier que les adultes n'auraient jamais imaginé, car il fallait être viril par-dessus tout et courageux. Les homosexuels, les enfants qui se faisaient prendre par des adultes pédophiles, on les méprisait en les raillant constamment. Il y en avait, on les connaissait. J'ai donc vécu dans une ambiance très agressive, passé le cadre protecteur de ma famille. Il fallait se défendre à tous les niveaux, coûte que coûte, savoir se battre, parler fort, manier menaces et insultes constamment. À l'école c'était le règne de la castagne et des rodomontades. Les clivages sociopolitiques des familles s'exprimaient dans les cours de récréation. Je vivais entre deux mondes antagonistes : l'un surprotégé et l'autre très agressif. Ma mère, qui m'aimait passionnément, très soucieuse de ma santé et de ma sécurité physique, voulait savoir où je me trouvais à toute heure et connaître ce que je faisais. Je n'avais pas l'autorisation de dépasser les limites grillagées de notre environnement autour de notre maison, ni de me rendre à la mer pourtant si proche : peur des « coups de soleil », peur de la noyade, peur des accidents d'autos, peur des enlèvements. J'ai mis des années à m'affranchir de l'autorité morale extrêmement contraignante de ma mère et de sa vision pessimiste de la vie. Elle avait été éduquée dans l'école religieuse Sainte-Scolastique (près de

Staouéli) tenue par des Sœurs Blanches qui considéraient le moindre petit bonheur comme un péché. Cette conception mortificatoire de la vie m'a toujours révolté et a beaucoup contribué à m'éloigner de la religion catholique et de ses rites, auxquels je ne comprenais rien. Je vivais entre le rêve et les réalités jusqu'à mon adolescence, incapable d'avoir un jugement clair sur la société et ses problèmes, avançant avec une extrême prudence comme dans une obscure forêt.

Mes parents ne s'accordaient guère de loisirs extérieurs, ne prenaient jamais de vacances, ne sortaient pas, refusant presque toujours les invitations qu'ils recevaient, car ayant beaucoup d'animaux à nourrir tous les jours, cette tâche était leur principale astreinte, mais aussi un bon prétexte. Nous vivions dans une espèce de thébaïde où les informations extérieures nous arrivaient amorties ou partiales, à travers la lecture de l'omniprésent *Écho d'Alger*, ou l'écoute de *Radio-Alger*. L'on écoutait aussi quelquefois en secret, après 1940, *Radio-Londres* et l'émission « Les Français parlent aux Français » du mouvement gaulliste, sans pouvoir juger avec clarté tous les enjeux de ces luttes politiques, ni la situation dans laquelle nous vivions. On ne savait pas ce qu'était le colonialisme ; on le vivait mais sans savoir le nommer. Je me sentais marginal par rapport à l'état d'esprit de mes camarades à l'école de Staouéli et par rapport aux familles des fermes qui nous entouraient. Pourtant nous formions avec celles-ci une « grande famille ». L'on participait aux fêtes des baptêmes, des premières communions, aux mariages (où mon père jouait de la mandoline accompagné à la guitare par l'un de nos voisins) et aux enterrements. J'ai passé mon enfance à me rendre, avec ma mère qui me tenait par la main, à des veillées mortuaires où il fallait embrasser le front glacé de vieilles femmes, allumer des bougies et bénir le mort avec un rameau d'olivier trempé dans l'eau bénite. Les meilleures histoires que j'ai jamais entendues dans mon enfance ont été celles des veillées mortuaires parce que la tension était tellement forte que l'assemblée, au bout de quelques heures, avait besoin de se détendre. Il y avait toujours une personne qui commençait à raconter une histoire et puis chacun offrait la sienne à tour de rôle ; l'on riait à se tenir les côtes et en essayant en vain de maîtriser cette espèce de transe qui gagnait toute l'assemblée. Au paroxysme du rire, il y avait toujours quelqu'un qui ramenait le calme en disant : « mais il y a un mort à côté ». Alors chacun reprenait une attitude contrite ; cependant, au bout de quelque temps, l'ambiance repartait de plus belle ; on offrait des cafés, des liqueurs dans de petits verres en mastiquant des bonbons et je ne sais trop quoi. Toute cette vie rurale a beaucoup marqué mon enfance car c'était pour moi des émotions fortes pour ma sensibilité exacerbée.

J'étais aussi extrêmement sensible à la poésie des lieux, aux paysages qui m'entouraient, aux chants, à l'écoute des oiseaux, des animaux ; les coassements des crapauds et des grenouilles, le hululement des chouettes la nuit, l'aboiement des chiens, le tambour des fêtes musulmanes ont bercé mes nuits estivales. Mon père était un humaniste avant la lettre ; il adorait chanter (ce que nous faisions souvent en duo en famille), avait appris seul à jouer plusieurs instruments (tous ceux qu'il avait pu approcher) : harmonica, mandoline, guitare, violon, clairon, cor de chasse, flûte. Son ambition était d'apprendre immédiatement à jouer d'un instrument qu'il ne connaissait pas. C'était un parfait autodidacte qui avait appris la musique tout seul, lors de ses années militaires, et la faisait partager aux autres. Il avait formé de jeunes musiciens qu'il réunissait le soir dans notre petit appartement de La Trappe pour leur apprendre le solfège et jouer de la mandoline. Il avait ainsi monté un orchestre d'une quarantaine de mandolinistes. Cet orchestre donnait des concerts, des bals, des fêtes à une époque où les loisirs collectifs étaient rares dans les années trente. Il y avait une salle des fêtes à La Trappe où mon père a animé des soirées exceptionnelles. Car c'était un amoureux de la vie qui compensait les frustrations d'une jeunesse ravie et malheureuse chez ses parents, suivie de sept années dans l'armée, par une boulimie d'activités culturelles. Il lisait et écrivait des poèmes, d'une très belle écriture en « ronde », en gothique, en bâtarde, etc., réalisait de petits tableaux de peinture à l'huile, des sculptures en terre cuite. Il était aussi très bon photographe et fixait sur la pellicule tous les moments de notre vie familiale qu'il réunissait en albums. Une lecture de poèmes de Victor Hugo et d'Alfred de Musset le faisait pleurer d'émotion. Nous recevions souvent, durant les années 1940-42, des peintres comme Jean Simian, René-Jean Clos, un peintre espagnol (anarchiste engagé dans les parachutistes anglais) du nom de Martin Carillo. L'on parlait de peinture et d'art durant de longues soirées, autour de bons repas, car ma mère était excellente cuisinière et que nous disposions de nos propres productions à la ferme.

Cependant, mon père était souvent enragé à propos des travaux agricoles, du temps qui était ou trop humide ou trop sec, des ouvriers à recruter et à répartir dans les différentes fermes, etc. Car il fallait assurer les récoltes de pommes de terre, des légumes (tomates, poivrons, navets, etc.), cultiver les vignes, qui étaient l'objet de soins extrêmes toute l'année, cueillir les raisins chasselas avec un art consommé pour éviter que les grappes ne soient tachées et ne perdent la pruine de leurs grains par des manipulations maladroites. Tous ces primeurs, emballés avec minutie dans des cageots légers équipés de beaux papiers colorés, partaient le lendemain de leur cueillette par bateau sur Paris via Marseille dès le mois de juin. Les cueillettes des raisins de table et leur expédition demandaient beaucoup de main-d'œuvre temporaire.

Adolescent, j'ai travaillé ainsi plusieurs étés de suite dans le magasin d'expédition où j'étais employé à peser toutes les entrées journalières des paniers de chasselas qui étaient ensuite préparés à l'expédition par un peuple de femmes très habiles. Mais ma mère exigeait que je lui rende la totalité de ma paye sur laquelle elle m'accordait ensuite une petite somme seulement.

C'est durant ces longues périodes d'été que j'ai acquis une sensibilité extrêmement vive par mes contacts avec la nature. Je passais des journées entières allongé dans les herbes vertes, à observer la vie des fourmis et autres insectes, tel Gulliver chez les Lilliputiens ; ou je grimpais avec agilité dans les eucalyptus, les pins et autres arbres de notre petite forêt guettant la vie des oiseaux. Je me construisais des cabanes en hauteur ou à ras du sol, je sautais de branche en branche, balancé par des cordes que j'avais suspendues telles des lianes. Après le passage des troupes américaines, j'avais récupéré une installation d'entraînement des parachutistes. C'était un long câble d'acier équipé d'une roulette pour y glisser suspendu sur plusieurs dizaines de mètres (appelé aujourd'hui « tyrolienne »), afin d'atterrir en fin de course en faisant un « roulé-boulé ». J'avais une vie de Robin des Bois car je lisais beaucoup de livres d'aventures et des illustrés (« Aventures », « Hurrah », « Junior ») que me prêtaient mes camarades car je n'avais, à cette époque, jamais d'argent. J'empruntais quelquefois en secret le cheval de selle de mon père pour galoper au loin dans les forêts de La Trappe ; je rêvais de faire des sauts d'obstacles devant lesquels la vieille jument rechignait beaucoup.

Mon père m'avait dressé une barre fixe sur deux poteaux de bois qui me permettait toutes sortes d'acrobaties sportives. Ma mère avait, sous les bois près de notre maison, plusieurs poulaillers avec des oies, des canards, des dindes, des poules et pintades, des pigeons, des lapins, auxquels mon père ajouta une ânesse, des chèvres et des moutons, des cochons d'Inde et même un couple de paons. Près de la maison une volière de colombes roucoulaient jour et nuit et nous eûmes aussi des perruches dont les jacassements couvraient nos voix ainsi que plusieurs chats. Je passais de longues journées à observer ces animaux, à jouer avec eux en imitant leurs cris, à leur ménager des abris et cachettes. J'apprivoisais aussi des animaux sauvages : lézards, musaraignes, souris, sans compter les pigeons et les poules naines qui vivaient en liberté. Leur coq chamarré de rouge, or et noir, venait tous les matins réclamer sa pitance devant la fenêtre de la cuisine, à l'heure du casse-croûte de mon père entre 7 heures et 7 h 30 ; car il se levait très tôt, à 4 heures le matin, pour mettre en route les chantiers d'ouvriers qui partaient lentement à l'aube, la houe sur l'épaule ou avec les attelages de chevaux, de mulets ou de bœufs sur les lieux de leurs travaux.

Ces contacts intimes avec la nature et les animaux avaient développé en moi un sens aigu d'observation et une grande attention à toute chose. Je voulais tout apprendre de la vie et du monde à travers mes propres expériences. Le revers de cette émotivité me confinait souvent en des attitudes extrêmes. Quand nous recevions des parents ou amis que je connaissais, j'étais quasiment terrorisé, je me cachais. Et puis, après force appels de ma mère, je finissais par me montrer, et j'étais heureux de cette convivialité. Quand tout le monde partait je pleurais, car j'étais tellement perturbé que j'entrais dans un état dépressif et nostalgique qui durait parfois plusieurs jours. J'étais un peu comme les Indiens d'Amérique décrits par les ethnologues, qui rencontraient une tribu étrangère lors d'un premier contact. Ils restaient silencieux durant des heures, tremblaient de tout leur corps à la limite de la crise. Un simple petit mouvement maladroit, un cri malvenu, pouvaient déclencher une bagarre où tout le monde s'entre-tuait. Je comprends très bien ce phénomène parce que j'ai vécu, en moins grave, ce genre de situation, à tel point que, devenu adulte, j'ai gardé encore cette émotivité très tard. Je me sentais écorché vif à trente ans passés. Cette hypersensibilité était pour moi un handicap, presque une tare ; quand je voyais mes camarades de treize ou quatorze ans qui allaient au bordel, racontaient des aventures terribles, qui buvaient du vin, de l'anisette et fumaient déjà, alors que j'étais sobre et loin de tout cela. Leur vie me paraissait aux antipodes de la mienne, et cette différence renforçait ma marginalité. En sorte que lorsque j'étais à l'école, ce fameux village de Staouéli m'apparaissait violent, dangereux, car il fallait s'y défendre à coups de bagarres, de menaces, de discours agressifs… je m'y sentais totalement mal à l'aise.

Le débarquement anglo-américain bouscula cette vie rurale et toutes nos habitudes. L'arrivée massive de grandes voitures amphibies, de tanks, des camions GMC et Jeep surchargés, nous laissait pantois d'admiration et de surprise. La présence de tous ces soldats fut une manne nous apportant nourriture, vêtements, objets ménagers et matériels de toutes sortes, que l'on monnayait souvent contre des fruits, des légumes ou des volailles vivantes. En contrepartie le ciel fut encombré de combats aériens le jour et la nuit. Les faisceaux lumineux des puissants phares antiaériens balayaient le ciel la nuit et se croisaient pour localiser les avions allemands audessus d'Alger qui venaient y lâcher leurs bombes. Les Algérois terrorisés fuirent par milliers. Notre maison reçut ainsi tous nos cousins et les cousins de cousins, en sorte que nous fûmes durant plusieurs semaines entre quinze et vingt personnes qui campaient dans toutes nos pièces. Ma mère géra avec courage et générosité l'hébergement et la nourriture de tout ce monde dont un couple de cousins durant plus d'un an.

Quand il s'est agi de passer mon brevet élémentaire dans la classe du « cours complémentaire », une étape importante en troisième, j'ai été reçu à mon examen sans problème, car j'étais plutôt bon élève dans cette classe. Ce « cours complémentaire » (classe unique de la sixième à la troisième) assuré par un instituteur, parait l'absence de collège et sans grands frais pour l'Académie, et permettait aux jeunes ruraux d'accéder au brevet élémentaire. Ce n'est qu'à partir de la direction de monsieur Marcel Eychenne, homme compétent et dévoué, qu'il y eut les premiers reçus au B.E., car ce directeur mettait toute son énergie à éduquer les jeunes ruraux mal dégrossis que nous étions.
La plupart de mes camarades entraient alors dans la vie active comme coiffeurs, chauffeurs de véhicules, mécaniciens, agriculteurs, apprentis, etc. Mon père me proposa

alors de continuer mes études, mais le seul moyen qui me restait était de présenter le concours d'entrée à l'école normale d'instituteurs ; car après avoir signé un contrat de dix ans dans l'enseignement, l'État payait nos études jusqu'à notre entrée en fonction. Mes parents ne pouvaient assumer financièrement ces études pour moi ; ma sœur aînée avait dû continuer quant à elle ses études en externe à Alger pour présenter son brevet supérieur, faute d'avoir réussi son entrée à l'école normale de filles qui recrutait au compte-gouttes des institutrices. Il avait fallu trouver près de son lycée une famille qui l'hébergeait, indemniser cette dernière en lui fournissant chaque semaine des couffins de ravitaillement. Mes parents m'ont dit : « Il faut que tu te débrouilles ! » J'ai donc redoublé ma troisième pour préparer spécialement ce fameux concours que j'ai obtenu à la fin de la nouvelle année scolaire.

Le schéma qu'on dépeint des instituteurs fils d'ouvriers qui émergent du milieu agricole comme étant une libération, était aussi le mien, car mon père s'était juré d'éviter à ses enfants la tutelle socioprofessionnelle dont il s'était senti victime toute sa vie ; ma mère ne voulant absolument pas le voir tenter l'aventure d'un autre métier en ville, car elle restait profondément attachée à son terroir et à sa famille. Nous n'avions guère d'alternative dans le système dans lequel nous vivions : ou c'était l'aventure d'une recherche personnelle et aléatoire, ou c'était le patron sollicité qui donnait un petit emploi sans avenir à la ferme ou qui trouvait une place de policier, de gendarme à la mairie du village ou à Alger, de vendeur ou vendeuse en magasin et, suprême privilège, d'employé du Gouvernent Général (le Gégé). C'était là une pépinière de « recommandés » qui pouvaient devenir plus tard de bons agents électoraux, des relais politiques, des « clients ». Or, instinctivement, je ne jugeais pas ces choix intéressants pour moi ; mes parents rejetaient avec vigueur toute compromission et n'avaient pas du tout la même mentalité que nos concitoyens d'Algérie. À tel point que beaucoup de gens qui venaient chez nous en recevant un accueil très chaleureux, en repartant les bras chargés de fleurs et de fruits, avaient quelquefois un réflexe inattendu : « Mais vous êtes des Français de France ? » « Non, nous, nous sommes nés en Algérie, nous sommes d'ici ! », car mes parents pensaient naïvement que les hommes devaient être naturellement bons, que les méchants devaient être mieux compris et pardonnés, et que répandre des bienfaits était une forme d'enrichissement de soi-même. Je suis donc issu de cette éducation qui a profondément marqué ma vie affective, culturelle et même politique.

Issu de la troisième génération d'immigrés en Afrique du Nord, j'avais acquis comme tout ce petit peuple, le sens de la débrouillardise dans la gestion de ma vie quotidienne. Mes contacts dans la nature au milieu d'animaux avait développé en moi aussi un sens pratique. Je bricolais beaucoup de mes mains, fabriquant des jouets (cigognes en pomme de pin, cerfs-volants, moulins à vent, etc.), des bateaux de liège qui flottaient très bien sur l'eau, des petites charrettes à quatre roues pour dévaler les pentes. J'allais à la forge de la ferme pour forger moi-même des petits outils (tournevis, poinçons, burins, etc.). Je fabriquais durant les années de pénurie des sandales avec des flancs de vieux pneus et des lanières de chambres à air. J'ai dû en fabriquer au moins cent cinquante paires dont certaines que je vendais aux ouvriers. Je passais des semaines à récupérer des planches, des clous que je redressais pour les réutiliser. Je débitais à la hache de gros tas de souches de vigne pour alimenter nos cheminées, unique chauffage l'hiver dans nos chambres. Mon arme privilégiée, avec mon couteau, était mon lance-pierres, mon « tire-boulettes » ; j'étais devenu un artiste pour fabriquer ce lance-pierres avec un rameau d'olivier en fourche et des élastiques découpés dans des chambres à air d'auto ; je tirais sur les oiseaux avec cet instrument armé de petites pierres, ce qui faisait hurler ma sœur qui m'accusait d'assassiner des pauvres petits moineaux ou des mésanges familières qui venaient à quelques mètres s'offrir à mon jet meurtrier. Je fabriquais aussi des arcs en bois d'olivier et des flèches empennées ainsi que des javelots en fer que je plantais avec force dans les troncs d'eucalyptus. L'écorce rose de ces arbres m'apparaissait telle une chair vive qui cicatrisait rapidement.

Alors que je devais entrer en classe de seconde à l'école normale de Bouzaréa, celle-ci était réquisitionnée par les militaires et ne fonctionnait plus comme beaucoup d'autres établissements secondaires d'Alger. J'ai dû attendre quatre mois, après mes trois mois de vacances d'été en 1944, pour pouvoir enfin trouver en février une place de pensionnaire au lycée de Ben-Aknoun sur les hauts d'Alger. Durant ces sept mois d'attente, j'ai perdu un temps précieux sans conseiller, manquant de lecture (car j'avais lu avec avidité presque tous les livres de bibliothèque de l'école), passant beaucoup de temps à bricoler dans ma campagne. Seul, sans moyens financiers, malgré mon environnement familial très protecteur, sans grands échanges extérieurs, sans objectif de travail cohérent (malgré les exercices d'arabe dialectal auxquels je m'entraînais sur les livres de Soualah), j'ai vécu des moments de grande désespérance. C'est là que j'ai dû trouver en moi une capacité de résistance morale et psychique qui m'a préparé aux moments de solitude que j'ai dû affronter plus tard au Sahara.

Je n'avais jamais quitté ma famille jusqu'à seize ans, et la vie de pensionnaire à partir de dix-sept ans me fut une grande découverte sur tous les plans : vie collective avec des camarades de mon âge, rythme de travail régulier, cours de professeurs brillants, enfermement physique dans des bâtiments de style napoléonien. Mais un problème lancinant nous accablait tous les jours : la nourriture était mauvaise et insuffisante. Je découvrais la faim que je n'avais jamais connue dans ma famille, même aux époques les plus difficiles (cartes de ravitaillement, rations dérisoires de pain et de viande).

Chaque pensionnaire avait une petite caisse de bois cadenassée pour y contenir quelques provisions, que nous ramenions de nos visites hebdomadaires chez nos familles. Révolté, malgré nos réclamations au directeur de l'établissement et à l'économe, l'ensemble des élèves décida de faire un « monôme » un jeudi après-midi (qui était notre jour de sortie). De Ben-Aknoun au centre d'Alger, trois cents élèves marchèrent au pas cadencé en chantant « Nous avons faim ! » sur une phrase musicale des « Bateliers de la Volga ». L'on chantait aussi beaucoup d'autres chants d'étudiants et de carabins qui sortaient spontanément, on ne sait trop par quelle alchimie et que l'on apprenait sur-le-champ. Arrivés au centre-ville vers la Grande Poste, des policiers nous entourent et capturent une dizaine d'entre nous immédiatement acheminés dans une prison du commissariat central. J'étais parmi ceux-là et presque ravi de cette aventure, alors que quelques-uns de nos camarades étaient morts de peur. Après vérifications de nos identités et nous avoir laissés trois heures avec un monsieur qui se disait arrêté lui aussi (et qui était visiblement un indic et avait pour mission de savoir si notre mouvement était politique), l'on nous a ramenés au lycée dans le bureau du directeur qui nous a tenu un long discours moralisateur. Je n'arrivais pas à prendre tout cela au sérieux et je souriais malgré moi au bout de notre ligne de coupables, ce qui mit en fureur le directeur qui m'en fit un vif reproche.

L'année scolaire suivante, en 1945, l'on nous a intégrés (c'est-à-dire ma promotion de sept normaliens) au lycée Bugeaud au centre d'Alger, qui avait la renommée à l'époque d'être le meilleur de la capitale. Les locaux venaient d'être libérés par les armées anglaise et américaine et se trouvaient dans un état de grand délabrement. Des chantiers de vitriers, maçons et électriciens réparaient les dégâts, accumulant des gravats un peu partout. Nous déambulions dans les couloirs avec nos professeurs à chaque cours pour trouver une salle disponible, possédant quelques tables et un tableau. Cette année de première me fut très pénible en raison des retards que j'avais à rattraper, surtout en mathématiques et en langues. J'avais de surcroît un autre handicap : les séquelles d'un paludisme contracté entre seize et dix-sept ans qui me minaient profondément, aggravées par la mauvaise nourriture qui persistait encore en 1945-46. J'ai donc passé mon premier baccalauréat en travaillant énormément durant les vacances d'été grâce à la session de rattrapage de septembre (et qu'on appelait la deuxième session).

Deux catégories d'élèves fréquentaient le lycée Bugeaud : les externes, algérois pour la plupart, et les internes qui venaient de régions très diverses de toute l'Algérie. Ces derniers avaient parfois cinq ou six ans de pensionnant et traînaient pas mal de rancœurs. Les comportements pervers de certains d'entre eux me choquaient et me scandalisaient : besoin de torturer les professeurs les plus faibles en autorité, chahuts des répétiteurs, menus larcins de toutes sortes, dégradation du mobilier scolaire pourtant bien modeste, vie sexuelle débridée dans la Casbah toute proche au pied du lycée, etc. Car ces jeunes bourgeois, parmi lesquels se trouvaient quelques musulmans, avaient en général de l'argent, des relations sociales et toutes sortes d'appuis que je n'avais pas. Les externes, issus de la société algéroise, étaient en général plus sérieux, habillés avec raffinement : ils étaient visiblement là pour gagner des positions socioprofessionnelles rémunératrices et de prestige. C'était dans une ambiance assez extraordinaire d'après-guerre que je découvrais ce monde de jeunes gens qui se promettaient déjà de devenir ingénieurs, médecins, avocats, se préparaient à présenter les concours d'entrée aux Grandes Écoles pour gagner beaucoup d'argent et entrer dans la catégorie des élites locales. Ils étaient initiés au cheminement de toutes ces carrières que je ne connaissais pas ; et quand on me demandait ce que je me proposais de réaliser comme métier, et que j'avouais modestement celui d'instituteur, ils se moquaient de moi. Eux, plus tard, sont effectivement devenus avocats, ingénieurs, médecins, etc., malgré leur nonchalance ou leurs classes redoublées. Quand je pense à la mentalité qu'avaient à cette époque tous ces jeunes gens issus de ce milieu français d'Afrique du Nord, j'en suis encore stupéfait. Je ne mesurais pas la morale différente que j'avais, car ils étaient issus d'un milieu différent du mien, beaucoup plus aisé, et faisaient partie d'une société qui disposait sur tous les plans, des pouvoirs et des moyens qui m'étaient étrangers. Mais je n'en étais ni jaloux, ni contrit, car ma famille m'avait appris à n'être pas envieux. Quand je disposais d'un peu d'argent, j'achetais ce dont j'avais besoin, mais jamais au-dessus de mes moyens. Je ne pouvais m'offrir un vélo et je n'ai pu acheter ma 4 CV Renault avec mes propres économies, et une aide financière de ma mère, qu'après vingt-cinq ans. Mon cousin m'avait prêté un vieux vélo qui me permettait de rentrer en fin de semaine chez mes parents sans emprunter les transports publics longs et onéreux. J'avais appris seul à faire durer à l'extrême limite l'usage des pneus de bicyclette en mettant des pièces par-dessous les trous d'usure, fabriquer des patins de freins avec du caoutchouc de récupération, remplacer les câbles d'acier par des fils de fer. J'étais débordant d'imagination durant cette période de guerre et de pénurie, comme on pouvait l'être partout en France, à la même époque.

Durant mes années de pensionnat à Alger, puis à Bouzaréa (à l'école normale d'instituteurs), mon père avait bâti au bord de la mer, près des plages du magnifique ensemble de villas privées appelé le « Club des Pins », sur un terrain appartenant à monsieur Borgeaud, une petite paillote en roseaux qui devint ensuite un cabanon en dur grâce au savoir-faire de mon oncle. Ce lieu pourvu de belles plages réunissait plusieurs familles d'employés de La Trappe qui avaient petit à petit construit, d'une façon quasi anarchique, chacune un abri selon leurs moyens. Chaque été les jeunes gens de ces familles se retrouvaient au bord de la mer pour pêcher, ramasser des oursins, faire des promenades en barque et se baigner dans une eau limpide qui, alors, n'était jamais polluée. Nous passions de longues soirées à chanter ; je m'accompagnais souvent à la guitare, l'on jouait de l'harmonica sous l'œil inquisiteur des parents des jeunes filles, toujours soucieux de sauvegarder leur honneur. Ces années innocentes et heureuses ont beaucoup marqué notre jeunesse sentimentalement, mais paradoxalement peu de mariages ont résulté de ces rencontres estivales.

J'avais en outre, durant les vacances, monté un petit orchestre avec trois autres camarades de l'école de Staouéli : Jean Gatto jouait de la clarinette, Édouard Scano du bugle (grosse trompette), Yvon Motta assurait la batterie et, personnellement, je jouais du banjo-mandoline ou de la guitare. Nous suivions tous la musique de partitions que j'avais choisies dans les réserves de mon père qui nous avait prêté avec la grosse caisse de jazz, un tambour d'accompagnement et des cymbales. Nous nous sommes beaucoup amusés en organisant des petits bals, des « surprises-parties » (vocable de l'époque) et des soirées fort appréciées des jeunes gens.

En m'orientant vers l'enseignement grâce à la bourse qui m'était octroyée pour finir mes études, je pouvais rapidement gagner ma vie et me disais : « Après, je verrai bien ! », pensant que ce premier métier serait pour moi un tremplin vers d'autres horizons. J'ai donc passé mes années de préparation au baccalauréat, non pas à l'école normale d'instituteurs mais dans des lycées comme tout le monde, ce qui m'a permis d'avoir une grande liberté d'esprit que je n'aurais probablement pas eue si j'avais dû subir le moule de la formation des instituteurs. Quand j'ai obtenu mes deux bacs (dont le second en classe de philosophie), l'école normale avait entre-temps rouvert. L'on nous a dit alors : « Il vous faut une formation professionnelle. » À l'époque celle-ci durait un an. Et je fus à nouveau stupéfait de découvrir l'esprit étriqué, asphyxiant de cette formation durant laquelle les futurs instituteurs parlaient déjà de leur salaire, de leurs vacances, de leur avancement et même de leur retraite ! À cette époque, le métier d'instituteur était très dévalorisé car très mal rémunéré, au même indice que celui d'un cantonnier. Ma sœur, institutrice, gagnait cent cinquante francs par jour en 1946 alors qu'un tailleur de vigne était payé cent soixante-cinq francs. On nous enseignait par ailleurs des choses qui me paraissaient assez stupides en pédagogie, comme celle de savoir utiliser le tableau noir et la craie pour faire des cours d'une simplicité évidente.

Première découverte du Sahara

À l'issue de cette année de formation, tous mes camarades (nous n'étions pas nombreux, une promotion de sept élèves-maîtres seulement) ne rêvaient que d'une chose : d'être nommés au plus proche de leur famille dans la région ou le village d'où ils venaient. Et moi, qui rêvais de m'affranchir de ma famille, de mon milieu social et de cette lourde contrainte dans laquelle je m'étais débattu, je n'avais qu'un but, c'était de partir le plus loin possible. J'aurais voulu aller en Nouvelle-Calédonie, dans le Pacifique, mais il fallait connaître les cheminements à Paris pour obtenir de pareils postes et je n'en avais pas les clés. J'ai donc demandé à partir au Sahara. Le directeur de l'école normale fut très surpris de la demande que je formulais conjointement avec celle d'un camarade. Car tous les instituteurs qui étaient nommés au Sahara venaient de France, subissaient une année spéciale de préparation pour aller dans ce territoire où on leur offrait des indemnités particulières. Jamais un instituteur issu du nord de l'Algérie ne demandait, à cette époque, à partir au Sahara. Nous étions deux, deux courageux, à faire cette demande. Il y avait une possibilité d'aller dans l'Ouarsenis ou à Laghouat. Et c'est là que j'ai eu mon premier contact avec le Sahara en 1948. À l'époque l'on mettait une journée en autobus pour parcourir les quatre cent trente kilomètres jusqu'à Laghouat, en s'arrêtant dans tous les villages où des petits vendeurs offraient des galettes ou des œufs durs comme à Boghari. L'on arrivait en fin de journée dans cette ville aux portes du désert qui fut pour nous une découverte merveilleuse. J'y retrouvais d'anciens ouvriers de mon père qui me reçurent généreusement. Laghouat était une ville fascinante, avec ses remparts, ses ruelles mystérieuses, son quartier juif (le *mellah*), son « quartier réservé » où l'on rencontrait de très belles Ouled Naïl et son quartier militaire de légionnaires.

Nous avions acheté des burnous qui nous servaient de manteau et de couverture. Nous allions rêver sur les dunes, et écouter durant des soirées entières de la musique arabe. Il y avait un très bon orchestre de musique andalouse qui s'appelait Etthouria (qui signifie les Pléiades) avec un chef rompu à l'usage du *'ud*, qui avait comme compagnons un musicien juif qui jouait du violon sur la cuisse, un flûtiste noir qui jouait du fifre et un batteur de derbouka ou de tar. Les musiciens fumaient du kif (chanvre indien, de culture locale), le chef fumait en outre le narguilé et buvait de l'anisette pour se doper comme la plupart des musiciens, et passer des nuits entières à chanter et à jouer.

Je découvrais ce monde d'enseignants, la société locale avec ses préjugés et ses clivages hiérarchiques. Il y avait des instituteurs locaux qui étaient musulmans et en général d'excellents collègues, et des instituteurs venus de France. L'école de Laghouat était assez importante avec une dizaine de classes, du cours préparatoire au cours moyen deuxième année et une classe technique ; j'avais une classe de cours préparatoire comme tous les débutants auxquels on confiait malheureusement toujours les classes les plus difficiles, car en tant que derniers arrivés, ils n'avaient pas la possibilité de choisir leur classe. Les plus anciens se réservaient les cours élémentaires ou les cours moyens qui étaient plus faciles à mener en laissant lâchement le cours préparatoire, qui est fondamental, aux jeunes enseignants inexpérimentés.

Il y avait une séparation entre la société des Musulmans et les Européens car les préjugés étaient encore très lourds. On ne pouvait pas se permettre de s'afficher avec les gens du pays ou de s'inviter mutuellement car c'était se compromettre publiquement. L'administrateur local avait un réseau d'informateurs et de policiers qui surveillait avec vigilance les faits et dires de chacun d'entre nous et établissait des rapports annuels sur la mentalité des civils et des personnalités. La pire des condamnations était celle qui vous taxait de communisme. Celui qui la subissait à son insu était bel et bien débarqué du territoire, et devait affronter des séquelles d'ennuis administratifs et politiques.

Je me trouvais donc dans cette classe de cours préparatoire à Laghouat, avec des enfants qui ne parlaient pas du tout français, auxquels il fallait tout apprendre et qui mangeaient toute la journée des dattes, qu'ils tiraient de leurs poches. Leurs cahiers étaient maculés de doigts pleins de sucre de dattes et l'inspecteur qui était venu m'inspecter était furieux parce que tous les cahiers n'étaient pas propres comme il l'aurait souhaité. Il ne considérait en aucune façon les conditions dans lesquelles je travaillais et le milieu social de ces enfants.
J'ai finalement passé mon CAP d'instituteur et j'ai dû ensuite effectuer mon service militaire en décembre 1949, après encore trois mois d'enseignement à Laghouat ; j'ai été affecté dans l'infanterie (les tirailleurs algériens) au camp de Zéralda organisé pour recevoir les jeunes recrues en formation. C'est ce qu'on appelait « faire ses classes ». C'était un ancien camp de parachutistes appelés « bataillons de choc » et qui était très dur. Nous étions très mal nourris et nous faisions beaucoup d'exercices physiques semblables à ceux des parachutistes : voltige, sauts de la girafe (planche à sept mètres de haut), marches de douze, dix-huit, vingt-cinq, trente-cinq, quarante-cinq kilomètres (avec « brelage » et fusil), gymnastique et course quotidienne, etc. J'étais tellement affaibli au bout de quelques semaines que le médecin du régiment m'avait ordonné des piqûres de Cacodylate qui est un produit reconstituant pour renforcer les sels minéraux. Par la suite, je me suis aperçu que toute grande fatigue chez moi s'accompagnait toujours de pertes en sels minéraux. Dans notre camp de Zéralda nous nous étions groupés par affinités entre « pieds-noirs » dans une seule tente (marabout américain). Nous formions une joyeuse équipe toujours prête à faire des farces aux autres camarades qui avaient plutôt peur de nous.

À l'issue de ces trois mois on nous proposa deux options : formation de sous-officiers et une autre d'officiers « EOR » (École d'officiers de Réserve) en particulier pour tous ceux d'entre nous qui avaient leur bac ou une formation universitaire. Moi, qui étais plutôt antimilitariste et qui faisais mon service militaire par devoir, j'ai accepté d'en savoir plus en partant pour l'école des officiers de réserve, et pour mieux connaître le fonctionnement de l'armée. C'est là que j'ai découvert la spécificité de l'armée nationale : avoir la capacité de fonctionner avec ses moyens propres d'une façon indépendante ; c'est la raison pour laquelle un pays peut être toujours sauvé par son armée, quand il est dans l'anarchie, parce que seule l'armée peut garder une unité de gestion et de pouvoir autonome. J'ai donc été à l'école d'officiers de Cherchell pendant quatre ou cinq mois et en suis sorti avec le grade « d'aspirant » c'est-à-dire sous-lieutenant en stage. J'ai été affecté à Bône ('Anaba) au II/3 RTA régiment de tirailleurs algérien où l'on préparait les nouveaux engagés à partir en Indochine. J'étais chef de section pour former ces tirailleurs qui venaient de l'Aurès, du Sahara et de toutes les régions d'Algérie. C'était des garçons souvent frustes auxquels il fallait apprendre à marcher au pas cadencé, à manier les armes, à répondre aux commandements, puis à combattre.

J'étais ulcéré de faire ce travail pour envoyer ces garçons en Indochine dans une guerre cruelle et interminable dont ils ne reviendraient peut-être pas. Je leur disais : « Mais pourquoi êtes-vous volontaires pour partir en Indochine ? » Ils me répondaient : « Parce que là-bas on va gagner beaucoup d'argent, on aura des piastres, des filles, on va "faire le viol" », etc. C'était les anciens d'Indochine, glorieux et médaillés, qui formaient leurs encadrements de sous-officiers et qui leur faisaient miroiter cette aventure flambante dont ils étaient revenus, sans parler des milliers de morts qui étaient restés là-bas.

Je termine alors mon service militaire en octobre 1950 tout en redemandant un poste au Sahara, mais j'étais toujours obsédé par le Hoggar. Parce que cette région était plus lointaine que Laghouat et que le monde touareg me fascinait (c'était le Grand Sud), peut-être à cause de la mythologie qu'on propageait sur le monde touareg : l'on disait que l'on pouvait se marier librement avec les femmes du pays, vivre à la mode du pays, c'était exaltant d'exotisme, etc.

Mais aussi parce qu'en 1948 j'avais vu passer à Laghouat Claude Blanguernon en Dodge 4x4 avec deux instituteurs : André Roche et Marcel Bobo qui allaient créer deux classes sous la tente chez les Touaregs du Hoggar. Ils allaient dans le Grand Sud et j'étais fasciné par leur aventure. J'avais discuté avec eux, mais ils étaient très prudents sur ce qui les attendait. C'est là que je réalisais combien je voulais partir pour me reconstruire une vie différente de celle que j'avais au milieu de ma famille, de ma société, pour m'en affranchir et vivre à ma guise, avoir une liberté de choix, d'action et avoir une opinion personnelle en toutes choses. Une attitude m'avait beaucoup révolté dans mon enfance : les adultes n'écoutaient guère les discours des enfants, ils parlaient de leur hauteur d'adulte sans se pencher au niveau des plus jeunes et tout au plus ils faisaient semblant de les entendre distraitement, en négligeant toujours de dialoguer avec eux. Plus tard, devenu adolescent puis lycéen, j'étais passionné de problèmes politiques et philosophiques et mes parents affichaient toujours la même inertie. Toutes mes discussions n'étaient pour eux qu'agitation verbeuse du révolté que j'étais, et ils ne me prenaient pas du tout au sérieux. Tout cela me rendait fou de rage et je me promettais bien de prendre un jour ma revanche. D'où ce besoin obsessionnel de partir, de m'affranchir de toutes les tutelles qui entravaient mon besoin d'action, mon insatiable curiosité du monde.

Mais alors qu'après mon service militaire je demandais à être affecté à Tamanrasset, je découvris qu'avant d'être prise en considération, ma demande devait d'abord être soumise à une autorisation de changement d'académie. Car le Hoggar ne dépendait pas de l'académie d'Alger mais de celle de Constantine. Il me fallut donc obtenir mon exeat pour sortir de l'académie d'Alger, puis un inéa, acceptation dans la nouvelle académie. Après ces formalités accomplies, je reçois une nomination à Reguiba. Reguiba ? Je demandais par téléphone à mon inspecteur où était Reguiba. Il me répondit sur un ton très apitoyé : « Mon pauvre ami, c'est une région perdue au fin fond de la Mauritanie ! » « Ah ! mais cela m'intéresse ! » lui répondis-je.

En fait, après de nouvelles recherches, j'apprends que Reguiba est un petit village situé à trente-six kilomètres au nord-ouest d'El Oued au sud de Biskra, dans cette grande vallée appelée l'Oued Souf. Je partis bouillant d'énergie dans cette aventure. Il n'y avait pas de liaison directe sur ce village ; l'autocar nous laissait au bord de la route de Guémar à El Oued, et il fallait rejoindre Reguiba sur plusieurs kilomètres à pied ou à dos de mulets qui portaient aussi les bagages.

Ce premier parcours m'avait laissé une forte impression, car nous marchions au clair de lune sur des dunes dont on apercevait mal les reliefs ; tantôt il fallait s'agripper à l'avant de l'attelage pour ne pas tomber vers l'arrière, tantôt c'était vers l'arrière qu'il fallait s'accrocher quand la bête dévalait une dune. J'avais l'impression visuelle d'un terrain plat, dans la clarté irréelle du clair de lune qui n'avait pas d'ombre portée sur ces petites dunes. Le village était complètement isolé, entouré de palmiers et de jardins au milieu de dunes, peuplé de Rguibis malins et astucieux, avec des enfants adorables qui avaient soif d'apprendre. J'avais immédiatement créé une coopérative scolaire, tant comme structure éducative que pour parer à la pauvreté de l'école.

Les élèves apprenaient à gérer les comptes, présider des réunions et faire des comptes rendus écrits. J'avais aussi ouvert des cours d'adultes et j'étais débordé de demandes (entre quarante et soixante adultes). J'avais aussi une deuxième classe avec un collègue français qui était responsable du cours préparatoire et j'étais directeur d'école. Mais voilà que durant les vacances de Noël ce collègue se maria avec une institutrice et que l'inspecteur d'académie me demanda de céder mon poste à la rentrée de janvier pour permettre à ce couple de n'être pas séparé. J'ai accepté à regret car j'aimais beaucoup ces enfants et ce village, malgré la vie rude qu'on y menait, mais aussi parce que j'avais une arrière-pensée : j'espérais que l'inspecteur d'académie me saurait gré de ce geste pour m'affecter par la suite à Tamanrasset.

Je me suis retrouvé en cette même année dans la grande école d'El Oued où le directeur qui n'avait pas obtenu le nombre de postes nécessaires, me confia deux classes de cours préparatoire de cinquante et cinquante-cinq petits enfants qui ne parlaient pas un mot de français et venaient de toutes les couches sociales de la ville. Je consacrais alternativement une demi-journée à chaque groupe en attendant qu'un nouvel enseignant arrive. En fait, j'étais victime d'un conflit entre le directeur de l'école M. Vidal et l'inspecteur d'académie M. Courtoux qui disait ne pas pouvoir créer de classe nouvelle.

Le travail scolaire était épouvantable, mais la vie à El Oued, qu'Isabelle Eberhard avait nommée la « Ville aux mille coupoles », était passionnante. L'oued Souf, grande vallée fossile, développait du sud vers le nord un chapelet d'oasis arrachées au sable et au vent par l'acharnement de ces Sahariens travailleurs et obstinés, que sont les Soufis (en fait *Souafa* en arabe). En creusant ces énormes entonnoirs (les *ghout*) pour planter des palmiers dont les racines doivent se trouver dans la nappe phréatique, les Soufis avaient trouvé une richesse inestimable avec ces fameuses dattes appelées en arabe « doigts de lumière » « deglet en nour », et dont l'exportation rapportait beaucoup d'argent. Les cultivateurs exploitaient d'autres variétés de dattes pour leur consommation personnelle, dattes qui ne s'exportaient guère, mis à part la

« gharse » (*γars*), datte brune longue et molle, qu'on dénoyautait pour en bourrer des outres en peau, délicieuse pour faire ces petits gâteaux de semoule appelés *maqrout*.

La société soufie était un monde à part, fascinant d'un point de vue sociologique, culturel, politique et religieux. Cette population anciennement ibadite, vivant dans des conditions écologiques très dures, engendrait des individus très résistants, travailleurs souvent obstinés, très bons techniciens et très assidus sur le plan scolaire. C'est une des régions d'Algérie où l'on a formé plusieurs générations d'instituteurs jusqu'à l'indépendance, et cet engagement s'est encore affirmé après 1962. C'est la raison pour laquelle l'on trouve aujourd'hui des enseignants soufis dans toute l'Algérie et en particulier dans le Sahara central et le Hoggar. Cependant les Soufis, hors de leur région, ne sont pas toujours estimés. Car leur rigorisme économique et religieux, leur particularisme régional dans leur alimentation, leur tenue vestimentaire et même leur langue, les inclinent à se marginaliser quand ils s'expatrient. C'est du moins les remarques que j'ai pu faire dans ces années cinquante. Leur situation a beaucoup évolué depuis. Il y avait aussi une communauté de juifs à El Oued et dont les enfants fréquentaient l'école laïque. C'était des garçons intelligents et studieux qui me considéraient avec amitié car leurs parents me croyaient de confession judaïque. Ils avaient confondu mon nom avec le prénom d'un collègue israélite qui s'appelait Gaston. J'ai eu du mal à décliner les invitations qu'ils m'avaient faites pour célébrer la Pâque juive dont il eut fallu que je respecte tous les rituels alors que j'étais catholique.

Si je n'avais pas eu cette fascination du Hoggar, j'aurais pu, comme la plupart de mes collègues, m'établir pour de longues années dans ce pays si attachant qu'était l'Oued Souf. Je profitais de tous les instants de repos pour explorer les oasis à pied : Kouinine, Guémar, etc. Et comme il y avait depuis peu un aéroclub à El Oued, nous avons effectué avec deux collègues un petit voyage à Tozeur (qui était si proche) et Djerba en Tunisie, durant les vacances de Pâques. Voyager en petit avion au-dessus de ces oasis en survolant les marges de l'erg oriental était exaltant quand on connaissait la peine des randonnées à pied dans les dunes, équipé de ces chaussons noir et blanc tricotés localement en laine épaisse et appelés *afanes*, aussi bons pour se protéger du sable brûlant l'été que glacé l'hiver. Malgré cette vie qui avait failli m'attacher, mon obsession du Hoggar restait forte.

Voyant que mes demandes pouvaient rester lettre morte durant encore des années, je décidais d'employer la manière forte comme c'était la coutume en Algérie à cette époque. Le colonel Léon Lehuraux était délégué à l'Assemblée algérienne, chargé des affaires sahariennes, toujours affable et prêt à écouter toute doléance sur le Sahara ; j'en profitais pour lui formuler ma demande par l'intermédiaire d'un ami qui le connaissait bien. Je ne sais comment s'y prit Léon Lehuraux ; toujours est-il que je reçus durant les vacances d'été une nomination à Tamanrasset pour octobre 1951.

Le Hoggar enfin !

À partir de là, c'est une autre partie de ma vie qui commence et qui va décider de la suite. Mais cette suite a été longue et difficile.

Car mon arrivée en force dans le Hoggar avait soulevé les suspicions du directeur de l'école qui avait l'habitude, avec la connivence de l'inspecteur d'académie de Constantine, de choisir ses adjoints et d'avoir un statut privilégié à tous points de vue, étant donné l'expérience pédagogique qu'il avait mise en œuvre avec les écoles nomades (budget autonome, véhicule tout-terrain 4x4, frais de déplacement, déchargé de classe, etc.). Deux collègues avaient déjà pratiqué deux saisons de classe nomade (d'octobre à mai) à Tin Zawaten d'une part, et chez l'aménokal près d'Abalessa d'autre part. Mais au lieu de me permettre de vivre une saison à Tamanrasset pour m'adapter et connaître le pays, ce directeur m'envoie immédiatement chez l'aménokal remplacer le collègue qui m'avait précédé et n'avait vraiment guère réussi sur le plan scolaire. Ce dernier avait surtout passé son temps à apprendre le tamâhaq, disait préparer un dictionnaire français-tamâhaq et suscitait la jalousie féroce du directeur qui ne parlait ni l'arabe, ni le tamâhaq et ne cessait de le dénigrer.

Je ne connaissais rien de tout cela en arrivant, et j'essuyais avec surprise les remarques désobligeantes de l'hôtelier de Tam chez qui nous prenions nos repas et qui était la gazette orale du petit landernau local. Chaque jour, à l'heure de l'anisette, le directeur d'école, le responsable de la Compagnie des

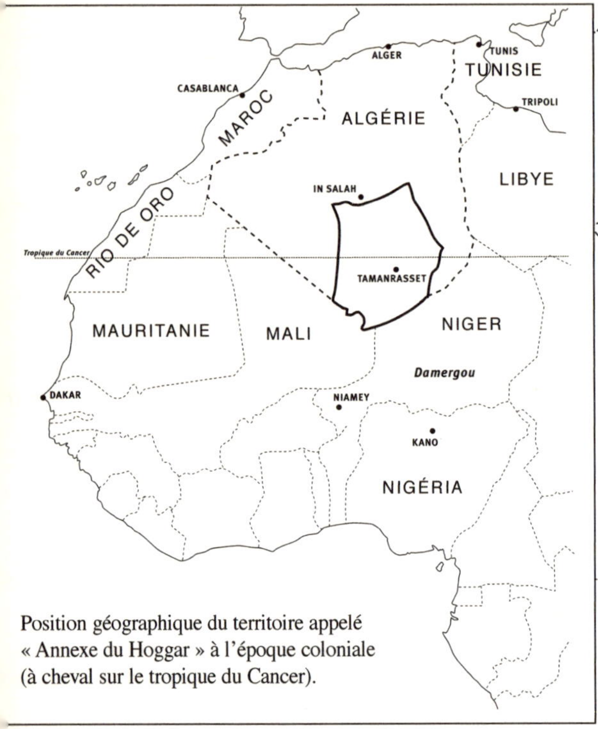

Position géographique du territoire appelé « Annexe du Hoggar » à l'époque coloniale (à cheval sur le tropique du Cancer).

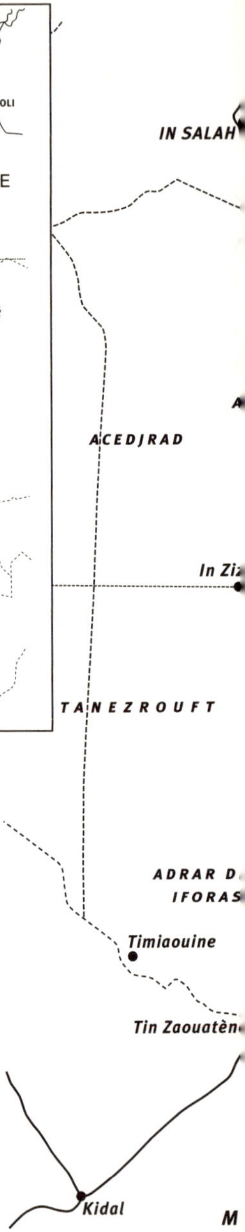

Principaux itinéraires par pistes
desservant le Hoggar
durant les années cinquante.

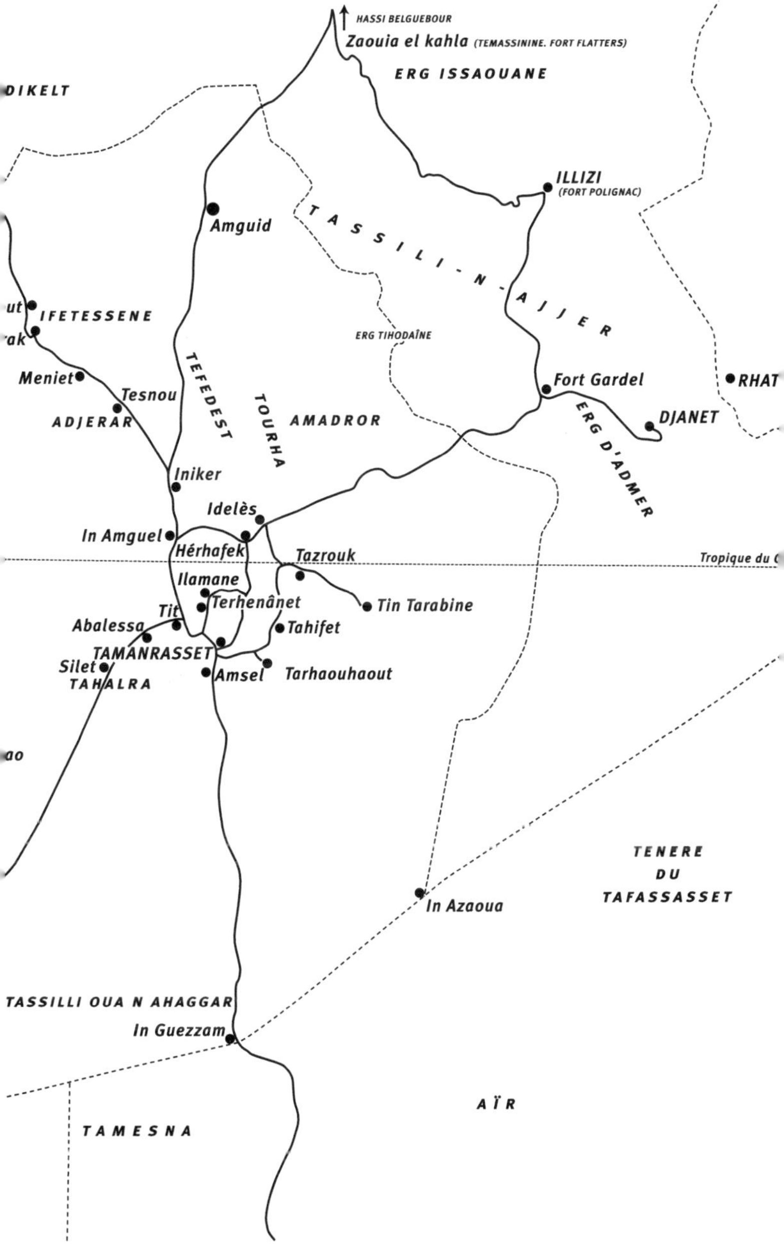
HASSI BELGUEBOUR
Zaouia el kahla (TEMASSININE. FORT FLATTERS)
ERG ISSAOUANE
DIKELT
ILLIZI
(FORT POLIGNAC)
Amguid
TASSILI-N-AJJER
ut
IFETESSENE
ak
ERG TIHODAÏNE
Meniet
Tesnou
ADJERAR
TEFEDEST
TOURHA
AMADROR
Fort Gardel
RHAT
DJANET
ERG D'ADMER
Iniker
Idelès
In Amguel
Hérhafek
Tazrouk
Tropique du C
Ilamane
Terhenânet
Tin Tarabine
Tit
Abalessa
Tahifet
TAMANRASSET
Silet
Amsel
Tarhaouhaout
TAHALRA
ao
TENERE
DU
TAFASSASSET
In Azaoua
TASSILLI OUA N AHAGGAR
In Guezzam
AÏR
TAMESNA

Transports Sahariens et Jeannot l'hôtelier, jouaient au jacquet, aux cartes, en éreintant à qui mieux mieux tous les gens de Tam et en racontant des histoires grivoises. « Ah ! vous aussi vous venez apprendre le tamâhaq ! » me lança le fameux Jeannot toujours entre deux vins, mais qui était le seul restaurateur du lieu et se permettait d'éconduire grossièrement les clients qui ne lui plaisaient pas. Je m'apercevais petit à petit que la tâche devait être difficile et je me promis de ne pas apprendre le tamâhaq et de réussir à tout prix cette expérience pédagogique. Les enfants ne savaient ni parler, ni lire le français et il était plus difficile de prendre une telle succession avec des élèves qui avaient mal débuté et considéraient la présence du maître comme un impôt exigé par les Français.

La classe de Tin Zawaten n'avait pas perduré car les nomades y étaient très mobiles, passaient surtout vers le Mali où une autre expérience d'école nomade était pratiquée. Les goumiers allaient chercher les enfants dans les campements pour les mettre en internat pour nomades en les séparant brutalement de leur famille. La méthode d'apprivoisement au sein des campements pratiquée dans le Hoggar y était considérée avec dérision et comme non rentable par les autorités de ce qu'on appelait encore « l'Afrique occidentale française » et dont la capitale administrative était Dakar.

L'instituteur qui était précédemment à Tin Zawaten fut installé à Tamanrasset dans une nouvelle classe CE/CM qui permettait au directeur d'être pratiquement déchargé de classe pour s'occuper, en principe, du ravitaillement épisodique des instituteurs nomades en assurant leur liaison avec Tam.

L'école nomade en 1951

Je débarquais donc dans le campement de l'aménokal avec l'impression d'aborder une autre planète. Je n'avais reçu aucune consigne ni recommandations particulières. J'ignorais tout du vocabulaire local et des noms de tribus dont se gargarisaient mes collègues, lesquels restaient très discrets sur leur expérience pédagogique. Le seul livre d'initiation au pays était celui d'Henri Lhote qui venait d'être édité et le fameux rapport Florimond (administrateur de l'annexe du Hoggar de 1938 à 1942) qui représentait une petite monographie que tout le monde s'arrachait pour piller ses informations.

Je me souviens très bien des premiers moments de mon arrivée au campement, transporté par le Dodge 4x4 qu'avait B. pour faire ses tournées chez les nomades, après avoir passé un mois à Tam pour me préparer matériellement à ce séjour et aborder ce monde, dont j'ignorais tout et qui représentait pour moi un grand mystère.

Je n'avais reçu aucune recommandation sinon celle de respecter l'étiquette et les habitudes du campement du grand chef des Touaregs : l'aménokal Bey Ag Akhamouk. Celui-ci avait beaucoup d'autorité, il était à l'époque considéré avec respect par tout le monde, y compris par les militaires français. Lui-même se sentait imbu d'une autorité supérieure à celle des ses contribules de même rang qui n'avaient pas de chef consacré officiellement comme aménokal. Il se prenait très au sérieux, d'autant plus que c'était un homme assez violent, orgueilleux, qui avait attendu une bonne quinzaine d'années avant d'accéder à ce rang parce que son prédécesseur, Meslar, avait été élu comme aménokal à l'instigation du capitaine Florimond, chef d'annexe à Tamanrasset, et qui ne voulait pas entendre parler de Bey, parce qu'il savait que ce dernier était moins manipulable que Meslar. Je savais cela, mais j'ignorais tout de la vie du campement.

Je débarquais avec une petite veste saharienne bleue, un sarrouel noir comme c'était la coutume à l'époque et que portaient tous les Européens de Tam, et j'avais eu aussi l'idée saugrenue de m'acheter un chapeau de toile. Ce n'était pas un chapeau de brousse mais une forme de feutre en toile légère de couleur kaki. Je m'étais mis des lunettes de soleil alors que je n'avais pas l'habitude d'en porter parce qu'on disait que le soleil, très fort à cette altitude, déclenchait des conjonctivites. Je débarque ainsi affublé, avec B. qui me présenta comme nouveau maître ; lequel B. ne parlait ni l'arabe ni le tamâhaq et baragouinait un horrible charabia francarabe avec quelques mots et plaisanteries qu'il jetait par-ci par-là. Sa technique était de mettre toujours les rieurs de son côté en se moquant de quelqu'un et de dégeler ainsi l'atmosphère qui était toujours très compassée dans ce campement. Sa victime préférée, qui faisait régulièrement les frais de ces moqueries grossières et discourtoises, était celui qui m'avait précédé, A.R., qui avait quelques tics physiques et verbaux et que B. imitait très bien pour faire rire les Touaregs, en se faisant une renommée sur le dos de ses victimes comme il avait l'habitude de faire bien souvent.

Donc B. m'amène avec des provisions pour un mois, une caisse scolaire avec un tableau démontable, des sacs de ravitaillement (pâtes, lentilles, couscous, huile, thé, café, sucre) et un cuisinier qui avait été aussi celui de mon prédécesseur, un Hartani originaire d'In Salah. Celui-ci parlait assez bien le français, l'arabe et aussi le tamâhaq.

Nous voilà donc avec toutes nos affaires posées à terre près d'une hutte de paille dans le lieu-dit Tounin Akourim (les puits d'Akourim) ; un reg dénudé en bordure de l'oued Tiffert à une dizaine de kilomètres environ d'Abalessa et tout près du cimetière musulman où était enterré le père de Bey,

Akhamouk, ancien aménokal avant Meslar. A.R., qui était affecté d'une amibiase chronique avec une perpétuelle dysenterie, courait aux toilettes souvent, à toute heure et avait construit sur ce reg dénudé (où il fallait faire un kilomètre pour s'isoler dans la nature) un édicule en palmes avec un trou dans la terre pas très loin de la hutte ; ceci faisait beaucoup rire les Touaregs, et les enfants en particulier. Quand j'ai demandé : « Qu'est-ce que cet édicule ? », tous les enfants se sont esclaffés en disant : « C'est le cabinet de monsieur R. ». J'en ai usé moi aussi par la suite, puisqu'il était là. La hutte-école était une petite construction de paille de typhas, très modeste, de trois mètres sur trois. C'était à la fois l'école nomade et l'habitat de l'instituteur. L'on faisait tout dans cet espace exigu. Tantôt l'on se mettait dehors quand le soleil n'était pas très violent, tantôt l'on restait à l'intérieur au milieu de mes quelques sacs et paquets.

L'une des réflexions de mes élèves fut dès le départ : « Oh ! toi, tu es pauvre ! tu n'as pas beaucoup d'affaires, tu n'as pas beaucoup de sacs ! », car ils évaluaient les provisions, les réserves, les cadeaux potentiels qu'il pouvait y avoir dans ces paquets. « Monsieur R. avait beaucoup d'affaires, il nous donnait beaucoup de choses ; ce n'est pas comme toi ! » Car moi, je n'avais pas pour habitude d'acheter mon estime par trop de cadeaux. Je n'avais pas un gros salaire. Je ne voulais pas me couler dans ce modèle, afin de me faire passer pour un homme très généreux et de conquérir les gens pour avoir une bonne renommée.

Donc, pour l'heure, l'on me reçut avec mon cuisinier dans une hutte à distance de la tente de l'aménokal et qui servait à la réception des invités. B. me présente : « Voici votre nouvel instituteur, il s'appelle Gast, il restera avec vous. On espère que tout ira bien avec lui ! » Je ne disais rien personnellement, après avoir touché la main à toutes les personnes présentes selon la coutume touarègue : un effleurement léger de la paume de la main en silence. Il y avait autour de l'aménokal, Marly ag Amayas, Mohamed ag Amayas son frère, Balayel le secrétaire et confident de l'aménokal qui était originaire du Tagant (en Mauritanie), et qui parlait très bien le tamâhaq et l'arabe ; il y avait aussi les éternels « frères jumeaux » Khatita et Sidi-Ali, qui étaient de toutes les visites et de tous les repas, car ils vivaient pratiquement en parasites auprès de l'aménokal. C'était des Ihadanaren, originaires du Tassili. Ils n'avaient guère de revenus et comme leurs maîtres avaient par le passé soutenu les Kel Ahaggar, l'aménokal acceptait de les héberger dans son campement. Il y avait peut-être aussi d'autres personnes dont je ne me rappelle pas l'identité et qui étaient là pour boire le thé avec les invités. Était présent aussi un Asseqqamar « Adebara » familier de la cour de l'aménokal, et qui avait sauvé Henri Lhote alors que celui-ci allait mourir de soif à quelques kilomètres de là dans les années quarante, dans l'oued Timesdellessin. Pas de femmes dans cette assemblée. Bey était célibataire. Il avait été marié et avait eu un fils, Sidi-Moussa, qui comptait parmi mes élèves. Alors que Bey campait au Tamesna une dizaine d'années auparavant, il avait trouvé un homme en compagnie de sa femme : Adenna ag Bilal (Tédjéhe Mellen, célèbre par la teinte claire de son iris) que j'ai bien connu par la suite. Bey, furieux, avait donc répudié cette femme. Plus tard, alors qu'Adenna s'était marié avec Ouba, Sidi-Moussa ag Akhamouk le demi-frère de Bey, alla chez elle et passa la nuit sous sa tente. Au petit matin, quand le mari revint, Sidi-Moussa, qui avait son mousqueton chargé sur les genoux, lui lança : « Approche si tu es un homme ! » Et l'autre s'en alla piteux comme le fut Bey dans la même situation. Car chez les Touaregs, quand on a affaire à plus fort que soi, on cède la place, surtout quant il s'agit de femmes, autant par convenances sociales que par élégance. La violence et la jalousie déclarées sont très mal perçues et désapprouvées unanimement. Cela a été le cas de Dassine recevant ses amoureux au lieu-dit Tin Tamenoûkalin ; l'un d'eux, Soughi ag Chikat, qui se trouvait à ses côtés, voyant arriver son rival Aflane ag Doua sur un superbe chameau, se leva, prit son fusil et tua le méhari du rival alors que son cavalier y était encore juché. La bête s'écroulant à deux pas de la tente de Dassine, Aflane en descendit dignement et vint saluer Dassine, comme si rien ne s'était passé. Dassine, courroucée par cette scène, mais aussi conquise par la noblesse de la victime s'écria : « Ce sera Aflane qui sera mon mari ! », et congédia le reste de l'assemblée avec le rival dépité.

L'aménokal avait autour de lui un petit groupe de jeunes gens qu'on appelait « ses goumiers » et qui restaient à ses côtés, tels des pages pour le servir, transmettre des messages ou éventuellement le protéger. Car l'aménokal, contrairement à la fonction et à l'étiquette particulière que l'administration militaire faisait mine de lui accorder en tant que chef traditionnel, était sur le plan administratif ni plus ni moins qu'un *caïd* comme ceux du Nord, et à ce titre il avait droit à ce qu'on appelait dans le Nord des *chaouch* (terme arabe) et qu'on nommait ici des goumiers. Ceux-ci avait une indemnité mensuelle qui ne devait pas être élevée, mais qui était tout de même appréciée.
Ces goumiers étaient armés de mousquetons prêtés par l'armée avec un contingent de cartouches qui leur permettaient de chasser le mouflon ou la gazelle. Leur nombre variait entre quatre à six selon les époques. Je me souviens qu'en 1952 il y avait dans ce groupe : Chérif ag Meslar, Marly ag Meslar, Mohamed ag Amayas, Jaugi ag Marly... Ces compagnons étaient toute la journée autour de l'aménokal, buvaient le thé, participaient aux réceptions, aux conversations en écoutant les nouvelles et en commentant l'actualité, se racontaient des histoires et vaquaient de temps à autre à des occupations domestiques : recherche de chamelles, visites extérieures à Tam ou ailleurs, surveillance des jardins et de leurs quinteniers, etc. Ils allaient aussi durant leurs promenades dans le Sahara, trousser quelquefois les jeunes esclaves qui gardaient les troupeaux. Les jeunes célibataires allaient le soir dans les rares *tindé* des environs ou dans les mariages, participer aux réjouissances locales. Ils avaient une

La *gaïla* (heures chaudes de la sieste, de la méridienne) monotone et creuse. C'est le moment de la journée où l'énergie est la moins forte, car celle du soleil domine et endort.

Les ânes braient – aucune heure ne les en empêche, ni la nuit, ni la chaleur, ni le froid. Nous avons marché deux heures ce matin jusqu'à midi. Émouvant cet exode d'un peuple vers la vie, la verdure qui doit nourrir les troupeaux. Mais les pâturages ne sont pas riches cette année. Les campements se pressent vers l'Atakor au centre du cœur montagneux, plus frais et plus élevé ; mais l'Atakor n'est pas verdoyant. Cette saison sera froide et dure ; pas assez d'eau dans le pays ! Pas d'eau, pas de vie, pas d'hommes. Émigrons, émigrons.

vie oisive occupée surtout par des palabres, à l'écoute d'informations concernant la vie et la politique du pays.

J'arrive donc dans ce petit monde, ne sachant pas un mot de tamâhaq, parlant un peu l'arabe algérien. C'est à partir de ce moment que j'ai commencé à apprendre à m'asseoir par terre, en tailleur ou allongé sur le côté droit ou le gauche, les jambes complètement paralysées par des stations longues de deux à trois heures, dans des assemblées où les conversations étaient parfois pesantes et ponctuées par des mots dont la fonction était de combler les silences néfastes à une assemblée ; car c'était laisser les mauvais génies occuper le terrain : *hamdullah* (Dieu soit loué) *iwalla* (par Dieu), *oubiyen* (évidemment), *el kheir* (le bien), *starfirallah* (que Dieu me pardonne, expression arabe pour ceux qui en connaissaient la valeur). C'est alors que Baleyel qui pouvait se permettre des plaisanteries brisant l'étiquette, se mettait souvent en devoir de secouer cette torpeur collective en chantant, lâchant des plaisanteries tonitruantes pour faire rire l'assemblée et détendre l'atmosphère ou susciter un nouveau sujet de conversation. Il disait souvent tout haut ce que tout le monde pensait tout bas : « Ah ! qu'est-ce qu'on s'ennuie ici », disait des gros mots en français (ce qui n'était pas une incongruité pour les autres) qui faisaient rire l'aménokal et dégelaient l'ambiance compassée. Seul Baleyel, qui était considéré comme un étranger au service de l'aménokal, mi griot, mi bouffon, mais aussi confident, ami et secrétaire de l'aménokal, pouvait faire passer tout ce que ce dernier ne pouvait se permettre de dire en outrepassant les règles et convenances de cette petite royauté prisonnière de sa hiérarchie, des modèles de relation et des stéréotypes, que chacun devait respecter, tant à l'intérieur de cette cour que dans ses relations avec le monde extérieur.

Je n'avais quant à moi pas encore décrypté toute cette mathématique de règles et leurs significations, mais je les sentais et les découvrais au fur et à mesure, beaucoup aidé en cela par mon cuisinier qui était dans la même situation ambiguë que moi ; en sorte que nous formions malgré nous une équipe face à celle de nos hôtes. Lui aussi était crispé et constamment sur ses gardes, car il faisait partie d'une classe méprisée et dévalorisée par les Touaregs suzerains. Il tenait à défendre sa dignité et son rang auprès du *tâleb* français un peu comme ceux d'un fonctionnaire de l'État. Car ces Harratines que les Touaregs appellent Izaggarènes (les Rouges) sont très fiers, et bien qu'ils aient des statuts différents selon les régions où ils se trouvent (de la Libye à la Mauritanie et du nord au sud), on ne doit pas les confondre, comme on le fait souvent et abusivement, avec les anciens esclaves d'origines diverses, remontés du Soudan. Je reste convaincu aujourd'hui que les Harratines sont en grande partie les descendants des autochtones les plus anciens du Maghreb et du Sahara, qui ont été progressivement dominés par les proto-méditerranéens depuis le huitième millénaire avant J.-C. et dont on a longtemps négligé de reconnaître les caractères originaux anciens, leurs cultes et coutumes.

Donc, quand nos affaires furent débarquées devant la hutte où je devais habiter et que la cérémonie du thé fut achevée, B. s'en retourna à Tam jusqu'au prochain rendez-vous dans un mois ou deux, lorsqu'il devait rapporter mon courrier et du ravitaillement. Tounine Akourim se trouvait à environ quatre-vingts kilomètres de Tam, ce qui nécessitait deux à trois heures de circulation en tout-terrain, car il n'y avait guère de pistes sur Abalessa comme aujourd'hui.

Je restais alors tout seul sur ce reg, près de cette petite hutte avec mon cuisinier et mes affaires, envahi d'une impression de vide total, les nomades étant partis discrètement un à un sans un mot. Alors, nous avons rangé nos affaires, avons dormi tant bien que mal et, le lendemain matin, j'ai attendu mes élèves.

La Classe

Et c'est là qu'a commencé cette vie plutôt difficile que j'ai eue durant cette année 1951-52 pour les raisons suivantes. Le collègue qui m'avait précédé avait surtout passé son temps à apprendre le tamâhaq, à faire des fiches d'un éventuel dictionnaire. Il avait emmené avec lui une prostituée de Tam qui s'était accroché à lui en disant : « Je suis ta femme et je vais organiser ta maison », car elle parlait assez bien le français. Il avait accepté avec beaucoup de naïveté et de confiance cette situation qui n'était pas très honorable pour un Français qui venait faire l'éducation des jeunes et montrer l'exemple. Les nomades considéraient l'instituteur comme une fantaisie de l'administration française, peut-être comme un agent de renseignement, mais aussi comme une espèce d'impôt. L'aménokal avait donné son accord (convaincu par l'insistance de Marly ag Amayas) pour la création de deux ou trois classes nomades, dans l'espoir que cet enseignement ouvrirait l'esprit des enfants à un monde nouveau sans les couper de leur milieu. Le directeur de ces écoles l'avait aussi convaincu en lui tenant le raisonnement suivant : « Vous, les nobles touaregs, vous vous trouvez à distance de Tam où se trouve le pouvoir des Français, vous connaissez beaucoup de choses. Cependant il y a des écoles dans tout le Sahara, fréquentées par les Noirs et les Arabes. Demain, ces jeunes deviendront les cadres du pays, les chefs, et vous, vous aurez des enfants ignares qui ne sauront pas lire, pas compter ni en arabe, ni en français. Vous avez quelques tâleb-s qui enseignent le Coran et pas plus. Nous Français, nous vous proposons de venir chez vous sans vous déranger, pour apprendre à vos enfants le français, la lecture, le calcul et les ouvertures sur le monde pour que plus tard, ceux-ci puissent diriger le pays comme vous aujourd'hui. Parce que si vous refusez cet enseignement, ce seront vos esclaves qui demain vous commanderont. » Ces arguments avaient porté ; les Touaregs avaient accepté cette expérience, un peu poussés aussi par les autorités militaires. Malheureusement, les premières expériences n'avaient pas été convaincantes d'un point de vue pédagogique, car il avait fallu apprivoiser les campements, créer de nouvelles habitudes, apprendre la langue. Et mon prédécesseur avait passé l'essentiel de son temps à ces questions, plutôt qu'à faire un enseignement rigoureux et systématique, entraîner les enfants à la lecture, au langage, au calcul, en les ouvrant un peu au monde extérieur. J'avais donc une tâche doublement difficile : remonter cette pente dégradée qu'avait laissée mon collègue, convaincre les Touaregs que cet enseignement pouvait leur apporter quelque chose, les apprivoiser, gagner leur confiance, défendre ma dignité d'instituteur et arriver en très peu de temps à des résultats probants. C'était les objectifs implicites que je me donnais après avoir découvert la situation qui m'était apparue, malgré l'ignorance dans laquelle je me trouvais et le manque d'informations dont j'étais victime. Car le directeur et mes collègues ne me parlaient pas en clair de tout cela ; ma seule obsession était de ne pas faire de faux pas, ne pas heurter la mentalité et les coutumes de mes hôtes, ne pas laisser apparaître d'aspect négatif dans ma personne et mes comportements, respecter leurs coutumes, leurs usages, sans complaisance, sans avoir l'air de jouer au touareg, ou au musulman que je n'étais pas. Je voulais être clair dans ma culture et clair dans mes rapports avec la culture des autres personnes que je fréquentais. Je peux expliquer tout cela aujourd'hui mais tout était implicite en moi et faisant partie des non-dits. Les jours suivants ont été assez durs parce que j'avais un emploi du temps, des horaires. Je disais aux élèves : l'école fonctionne de 8 heures à 11 heures et de 14 heures à 17 heures, voilà notre programme et ce que nous allons faire. Ils m'écoutaient avec une grande passivité en me comprenant plus ou moins.

Car je tenais à faire la classe avec la même rigueur et les mêmes règles que dans une école ordinaire, en satisfaisant les « Instructions officielles » contenues dans un livre bréviaire des instituteurs « le Code Soleil ». Je tenais un cahier-journal (réglementaire) mentionnant chaque jour, et heure

après heure, le thème et le contenu de chaque exercice préparé la veille dans tous ses détails (et mentionnés sur des fiches de préparation), en suivant la progression pédagogique des livres réservés aux maîtres. Mais l'art principal de l'enseignant était d'adapter ces cours théoriques à ses élèves, à leur capacité d'assimilation, en maintenant constamment leur attention en éveil avec leur intérêt à apprendre.
L'on commençait calmement le matin par un exercice d'écriture sur l'ardoise, puis sur le cahier à l'encre avec les fameuses plumes « Sergent-Major ». Ensuite suivaient des exercices de langage oral en relation avec la lecture du jour, de lecture et d'orthographe, puis de calcul. Une ou deux petites pauses entre ces exercices permettaient la détente et des conversations en aparté. L'après-midi, des exercices de conjugaison, de lecture et enfin de dessin, achevaient les six heures de classe passées à terre, les cahiers sur des planches ou sur le sol.

Durant cette première journée d'école je voulais faire comprendre aux enfants quel serait notre rythme de travail, le matin, le soir. J'avais à mes côtés quelqu'un qui tenait beaucoup à voir les enfants éduqués, c'était Sidi-Moussa ag Akhamouk le demi-frère de l'aménokal (Hadj Moussa, aujourd'hui député) qui était un beau jeune homme entre vingt et trente ans, pas encore marié. Il voulait lui aussi venir à l'école et apprendre le français. Son frère, Amma ag Akhamouk, venait aussi de temps en temps, écoutait avec attention et souhaitait apprendre le calcul. D'autres personnes aussi, plus ou moins présentes, venaient souvent comme Bah, frère de Boubaker ag Daoui et qui devint un des premiers guides touristiques du pays. Certains adultes, dont je me souviens plus ou moins, venaient autant par curiosité que pour glaner quelques bribes de conversation et se tenir au courant sur ma façon de procéder. J'avais donc des enfants et des adultes. Chacun guettant l'occasion de petits cadeaux, de thé et de sucre, des repas occasionnels. L'on m'invitait ou j'invitais ceux qui restaient là au moment de mes repas.

Mais avec les enfants, mon travail était difficile, car ils étaient hypergâtés par leurs parents ; ils avaient de nombreux esclaves pour servir leurs petits besoins quotidiens. Le fils de l'aménokal, Sidi-Moussa ag Bey (appelé familièrement « Samo ») était violent, exigeant, provocateur, capricieux et se montrait particulièrement insupportable. Alors que par ailleurs il savait être sympathique, vif, dynamique, mais restait toujours versatile. Il affirmait déjà une personnalité caractérielle. D'ailleurs sa vie n'a pas été heureuse et il est mort prématurément à In Gall (Niger) après beaucoup d'avatars. Je le regrette beaucoup, car j'avais de la sympathie pour lui, malgré les épreuves qu'il m'a fait subir au cours de l'année que j'ai passée dans son campement. Par exemple lors d'une séance de tir au fusil (car l'administration militaire m'avait confié un grand fusil Lebel pour apprendre aux enfants de l'aménokal le maniement des armes), alors que chaque élève tirait une balle à tour de rôle dans une cible située à cinquante mètres, Sidi-Moussa, qui avait pris la mouche pour un prétexte futile, alla se planter à la place de la cible assis en tailleur, les bras croisés en nous défiant.
Alors que j'étais fou de rage de tant d'impudence et de provocation, j'ai gardé mon sang-froid, j'ai détourné le fusil à quarante-cinq degrés et demandé aux enfants de tirer sur un caillou quelconque en guise de cible. Et l'autre est resté assis, stupide dans son coin sans que personne ne s'intéresse à lui. Cet incident aurait pu être très grave, mais il y en avait d'autres tous les jours aussi désagréables et aussi déprimants. Car c'était pour les enfants leur façon d'exprimer leur hostilité, la contrainte qu'ils subissaient de leurs parents, leur désintérêt total de cet enseignement. Je rongeais durement mon frein. Cette situation m'était très rude moralement, psychiquement et professionnellement, car j'aurais pu la redresser en deux claques magistrales si j'avais pu être soutenu par les parents. Mais pour ces parents, les enfants étaient quasiment sacrés, les châtiments corporels n'existaient pas, on ne leur touchait jamais le bout des cheveux, malgré leur inconduite et leurs exactions auprès des domestiques qu'ils mal-

traitaient de façon bien plus grave. Ils considéraient l'enseignant comme leur valet au même titre que leurs domestiques, méprisaient cette école, n'avaient aucun appétit d'apprendre, n'en voyaient pas l'utilité.

J'étais très malheureux ; la situation était bien différente de celle que j'avais connue à Laghouat ou dans l'Oued Souf où les enfants avaient un appétit d'apprendre extraordinaire ; ils étaient vifs, attentifs, assimilaient rapidement calcul, lecture et orthographe.

C'est alors, dans cette situation difficile et douloureuse, que la découverte et la mise en application des techniques pédagogiques de Célestin Freinet ont été pour moi miraculeuses. J'allais assister toutes les fois que cela m'était possible, au congrès annuel qu'organisait chaque année au printemps l'Institut coopératif de l'École Moderne créé par Célestin Freinet pour aider, soutenir et conseiller les jeunes enseignants. Ces réunions très chaleureuses et démonstratives d'une pédagogie nouvelle, vivante, dynamique, représentaient une véritable révolution d'ordre pédagogique, mais aussi social et politique. C'était une école de la vie qui faisait éclater les barrières pesantes dans lesquelles on avait l'habitude d'enfermer les enfants. La pratique de l'expression libre permettant aux élèves de raconter leur vie quotidienne engendrait les textes écrits, lus et commentés en liant le langage, l'écriture et l'orthographe. Le calcul suivait naturellement avec des échanges pratiques d'objets, de monnaie, des remarques sur les prix et la vie du pays, mais aussi avec l'usage de fichiers autocorrectifs d'une efficacité extraordinaire qui permettait à chaque enfant de travailler à son rythme. La création d'une coopérative scolaire, sa gestion, ses comptes, son courrier, complétaient ces exercices, et les correspondances à longue distance au Maghreb et en France avec d'autres écoliers parachevaient la dynamique de plus en plus enthousiaste du groupe que formaient les enfants. Cependant dans la formation pédagogique de l'école nor-

Comment offrir, ou boire son eau ou son lait

Quand une femme offre à boire un pot d'eau à un homme, la décence veut qu'elle ne remplisse pas trop le récipient. Un pot trop plein évoque le trop-plein de ses sécrétions vaginales dans ses rapports sexuels, phénomène peu apprécié des hommes, car disent-ils, « cette eau » pénètre le sexe masculin et provoque la blennorragie. En revanche, un individu ne doit pas boire un liquide (eau ou lait) jusqu'à vider complètement le récipient. Car le fond des pots révèle parfois du sable, quelques détritus et même, ultime humiliation, de grosses tiques tombées de la mamelle des chamelles au moment de la traite. C'est ainsi que la gourmandise et la goinfrerie rencontrent leur punition.

male d'instituteur jamais le nom même de Freinet n'était prononcé. Sa pédagogie était considérée comme subversive car il était communiste (bien qu'il fût exclu par la suite du Parti, en raison de son indépendance d'esprit).
Après avoir subi les critiques sévères de l'un de mes élèves sur le livre de lecture de l'école : « toutes ces histoires sont des mensonges, pourquoi les Français mentent-ils aux enfants ? », la pratique du texte libre devenait un moment de vérité qui tout d'un coup intéressait les enfants.

Mais avant d'arriver à faire parler ces élèves dans une langue qui n'était pas la leur, il y avait un palier important, c'était celui du dessin. À partir de quelques figures d'homme-têtard, de tente ou de chameau, nous apprenions à parler, à écrire des sons, des lettres, à décomposer des syllabes dans une chaîne continue et complexe d'opérations. Alors qu'auparavant, en calcul par exemple, quand je leur demandais combien font 2 + 2, ils me répondaient : « Puisque toi tu le sais, pourquoi nous poses-tu cette question ? » « Mais c'est pour que vous appreniez à compter ! » ils restaient muets, hostiles. Ils ne jouaient pas le jeu.

En revanche, quand nous abordions la vie du pays avec des exemples précis, des situations connues, leur attention s'éveillait et leur participation devenait naturelle, sans contrainte. Par ailleurs, nous faisions des promenades à pied autour du campement, nous jouions à la cachette derrière les rochers, ils me nommaient tous les lieux où nous allions. Et ainsi nous devenions amis pour aboutir à des rapports de sympathie et de curiosité mutuelles où j'apprenais presqu'autant de choses que je pouvais leur en apporter.

En sorte que petit à petit, en créant nos propres outils pédagogiques basés sur la vie locale, nous pouvions revenir aux livres et exercices du programme officiel pour chaque niveau (CP, CE, CM). Le préjugé très défavorable qu'ils avaient gardé de la précédente expérience de mon collègue com-

Tindé et bienséance

La plus grossière des impolitesses de la part d'un jeune homme assistant à un *tindé* derrière les chanteuses, c'est de s'accouder à terre à demi couché. La règle de bienséance et du respect des femmes exige de se tenir assis en tailleur, le buste très droit, la tête haute, en participant quelquefois au balancement du corps à la cadence du rythme, ou en frappant des mains.

Superstition

Quand un homme considéré comme *salih* (c'est-à-dire « propre », « pur », ayant accompli ses prières et ablutions) égorge un animal dont la viande sera consommée, il doit évacuer la salive qui inonde sa bouche après l'égorgement en crachant au moins une fois.
Sans cette précaution, la viande n'aura pas bon goût.

La surprise de l'obèse

Aïcha Chedga appelée aussi Aïcha Koura (ballon), Hartaniate d'In Salah, était si grasse avec de nombreux et profonds replis dans son corps, qu'un jour elle ne retrouva plus la clé de sa maison qu'elle avait l'habitude de cacher dans un de ces replis.

mençait à s'effacer, mais néanmoins ces enfants gâtés ne cessaient de me faire chanter en me disant : « Nous t'écoutons pour te faire plaisir et tu ne nous fais jamais de cadeaux comme le faisait monsieur R. Tous les jours nous avions des bonbons, des billes, des jouets et toi tu ne nous offres jamais rien ! » Je restais ferme en leur expliquant que j'étais payé par l'État pour leur faire la classe, que j'avais mon budget qui n'était pas inépuisable. « Alors tu es pauvre », disaient-ils, en pensant que je n'étais pas généreux. Les autres personnes, adultes, du campement avaient la même attitude. Je recevais tous les jours des visites de gens (aristocrates, cultivateurs, domestiques…) qui venaient soi-disant me dire bonjour et se posaient là, à la porte de ma hutte, ne disaient rien et attendaient un menu présent : thé, sucre en particulier, ou un objet quelconque (nourriture, vêtement, ustensile, ficelle, chaussures, sacs, etc.). Tant qu'ils n'avaient rien obtenu, ces importuns restaient là, encombrants, muets et patients. C'est ce que localement on appelle *atammâ'a*, celui qui vient quémander silencieusement un don sans exprimer la moindre parole, simplement en attendant patiemment que la personne visée cède enfin, lasse de cette demande muette. Car le *tâleb,* c'est ainsi qu'on appelait l'instituteur laïque à l'instar des maîtres coraniques, était considéré comme ayant une fortune inépuisable : il n'avait qu'à demander à l'État tout ce dont il avait besoin et devait se montrer généreux comme toute personne de son rang et nantie d'un savoir quasi universel. J'ai pris des leçons de charité à Tamanrasset en particulier, quand en période de famine, des nécessiteux abondaient dans la ville. Ils se posaient discrètement à l'entrée des boutiques et attendaient là, debout, laissant passer et repasser les clients. Le commerçant qui connaissait leur misère, donnait à chacun une ou deux dattes. En faisant ainsi le tour des boutiques les affamés pouvaient apaiser un peu leur faim. Ailleurs, dans des villes comme Tlemcen, le vendredi, jour de piété et d'offrande, les commerçants préparaient des tas de pièces de cinq centimes et chaque mendiant en recevait une, à la suite de quoi il allait quêter ailleurs.

Il fallait donc que je sache me montrer généreux pour me débarrasser de ces éternels quémandeurs, car si ce n'était pas toujours les mêmes, il y en avait tous les jours. Mais encore il me fallait apprendre à moduler mes petites offrandes selon le rang et la personnalité concernée. Les enfants ne manquaient pas l'occasion de me faire des reproches si je n'avais pas su nuancer mes offrandes. Certaines personnes venaient aussi me saluer par curiosité ou par sympathie, en attendant de me demander quelque menu service. Je plongeais dans ce monde comme en milieu sous-marin ; il fallait que je comprenne rapidement tous les codes de conduite auxquels personne ne m'avait initié, surtout en rapport avec les hiérarchies locales que je ne connaissais pas encore très bien, déchiffrer les codes du langage, les expressions et domaines à éviter pour gagner le rang d'une personne respectable et honnête.

L'observation de ces règles dans les rapports sociaux à respecter quand je faisais des cadeaux m'a obsédé pendant des années. Parce que je voyais que c'était un domaine où il fallait montrer la subtilité dont on était capable, la connaissance qu'on pouvait avoir de la société et ne pas faire d'erreurs dans l'appréciation des hiérarchies dans lesquelles se situait chacun des individus auxquels on avait à faire.

Au début de mon séjour, comme je n'avais pas de préjugé sur les rangs sociaux ou la couleur des gens, j'avais accepté sans arrière-pensée, l'invitation de Harratines d'une communauté non loin de Tounin-Akourim, à Iglène. Et j'ai dormi dans la maison de l'un d'eux. Mais le lendemain les enfants me raillaient avec pitié : « Tu as dormi chez les Harratines ! Ah ! Ah ! Ah ! un homme de chez nous va dormir à distance dans l'oued ; on lui apporte à manger ou on lui installe un abri spécial (une natte paravent) pour le recevoir, mais il ne se commet jamais avec des Noirs ! »

Ou alors l'on me questionnait sur mes fréquentations nocturnes dans les *tindé*. « Chez quelle fille veux-tu aller ce

soir ? » Alors pour entrer dans leur jeu et me moquer je répondais : « Chez Une telle ! » La nouvelle se répandait aussitôt et quand j'arrivais à la fête, la fille en question était crispée et plutôt terrorisée à l'idée que je l'aborde publiquement, et tout le monde riait.
D'autres fois, circulant seul le soir, si je rencontrais des jeunes gens qui supputaient selon la direction que j'avais prise, que je rendais visite à telle jeune fille, ils s'effaçaient pour me laisser la priorité ; la politesse des mœurs voulait que les plus jeunes s'effacent dans ces cas devant leurs aînés, sans aucune jalousie.

De toute façon mon cuisinier habitait à mes côtés et partageait le même sort que moi. Je n'étais jamais seul nuit et jour. Quand par hasard je n'avais aucun visiteur, un individu (femme ou homme) parmi les plus humbles, osait venir quémander un morceau de tissu ou du thé, en me promettant de m'offrir une belle corde en poil de chèvre ou une outre à eau. Il repartait discrètement, son cadeau sous ses vêtements, en me faisant jurer de n'en parler à personne. Et ce pour une bonne raison : tout supérieur hiérarchique pouvait lui reprocher cette visite et sur-le-champ s'approprier son bien sans retour. La vie dans ce campement était celle d'un aquarium où tout se voyait à tout moment. J'ai appris par la suite que chaque matin les enfants déchiffraient les empreintes de pas sur le sable, car ils savaient reconnaître les traces de tous les individus du campement, et reconnaissaient ainsi les allées et venues nocturnes des unes et des autres en se posant la question du pourquoi de chaque visite. Ils avaient ainsi tellement l'habitude d'espionner les traces de pas qu'il leur arrivait d'aboutir à un trou de terre où quelqu'un venait de déféquer. Et les autres enfants d'éclater de rire devant cette mésaventure qui leur servait de leçon.

L'aménokal

Ce qui m'avait aussi frappé c'est la stricte observation de la hiérarchie des âges. Un homme pouvait être issu d'une lignée prestigieuse, avoir le *tobol* (c'est-à-dire susceptible d'exercer le pouvoir suprême son tour venu), mais tant qu'il était « jeune », c'est-à-dire moins de trente ans, sinon quarante ans, il ne pesait pas lourd. C'est alors que je me suis aperçu combien la promotion de Moussa ag Amastane, qui n'avait pas trente ans quand il fut proclamé aménokal, avait été un événement extraordinaire qui ne correspondait pas du tout aux habitudes locales consistant à élire un chef qui avait en général dépassé le cinquantaine.

Le rôle de l'aménokal était celui d'un pondérateur et répartiteur économique, car il recevait beaucoup et il donnait beaucoup.

Il recevait, outre les redevances traditionnelles (la *tiwsé*), de fréquents cadeaux de tribus qui n'étaient pas touarègues, comme les Chaânba qui campaient avec son autorisation dans l'aire de son autorité. Sans faire preuve d'allégeance déclarée, ceux-ci venaient honorer l'aménokal. Ils n'étaient pas ses sujets mais le respectaient par des actes concrets. Tous les agriculteurs de la région d'Abalessa, Tin Dahar, Iglène, etc. donnaient une redevance des quatre cinquièmes des récoltes à l'aménokal qui était le suzerain direct de ces terres, depuis que les Français en avaient chassé les Taitoqs vers le Mali en 1908-1910 parce que ceux-ci avaient combattu la politique française. Je voyais près d'Abalessa, sur des regs nus et très secs, des silos de terre cylindriques dans lesquels les récoltes de céréales étaient stockées, ainsi à l'abri des termites qui ne pouvaient vivre dans ces terrains. Quant aux souris, elles n'arrivaient pas à y faire des trous et les parasites (vers, insectes volants) ne pouvaient supporter la chaleur ou le froid de ces silos. L'aménokal n'avait pas de gros stocks de vivres dans son campement. Ses esclaves allaient régulièrement s'approvisionner dans ces silos. S'il lui fallait du beurre, des émissaires allaient en chercher chez les tributaires. Ces quantités étaient comptabilisées en *tiwsé* (tribut annuel) ou comme des cadeaux complémentaires. Le campement ne manquait donc pas de ravitaillement en grain, en viande, en lait et beurre, car l'aménokal avait son propre troupeau de chamelles (sans compter celles en lactation prêtées par les vassaux), de chèvres avec quelques moutons et aussi des ânes ; tous ces troupeaux étaient gérés par des domestiques en nombre largement suffisant. Une partie de ces esclaves-domestiques demeurait au campement, une partie, parmi les plus vigoureux, voyageait presque toute l'année en caravane vers le sud (pour ramener du mil après avoir fait provision de sel), ou vers le nord (pour chercher des dattes). Une autre partie des esclaves, plus discrète, vivait entièrement libre à Tam ou dans des villages comme Idelès, Tazrouk ou Mertoûtek, et subvenait à ses besoins en travaillant comme cultivateurs, maçons, techniciens, etc.

À l'époque où je me trouvais chez l'aménokal, en 1951-52, la majorité des chamelles du Hoggar qui avait peine à survivre dans le pays, se trouvait au Tamesna en territoire nigérien (grande plaine sableuse au nord-est d'Agadès). Mais la présence de ces troupeaux importants dans cette partie du nord Niger avait à l'origine une raison politique précise. Lors de la révolte de 1917 dont le chef en Aïr était Kaocen, l'attitude réservée de Moussa ag Amastane, et la défaite de Kaocen qui en suivit, tous les troupeaux qu'il avait ravis aux tribus de l'Aïr furent récupérés par les troupes françaises et offerts comme prises de guerre à Moussa ag Amastane, devenant ainsi son troupeau de commandement (*éhéré n tobol*). On murmurait le chiffre de cinq mille têtes en 1951 (la réalité était plus modeste et variait entre sept cents et mille bêtes). Ces troupeaux avaient occupé un territoire libre, abondant en pâturage saisonnier et où l'eau n'était pas très profonde (de nombreux puits furent creusés à cette époque dont ceux d'In Abangharit créés par les Irreguenatènes). Et la plupart des chamelles du Hoggar, notamment celles des Isseqqamarènes, des Dag Rali et autres tribus, rallièrent le Tamesna qui devint de fait un fief des Kel Ahaggar avec l'accord des autorités d'Agadez. Cette enclave des Kel Ahaggar en territoire nigérien ne manqua pas de poser de nombreux problèmes durant plus de soixante ans aux autorités nigériennes. Ce sont les grandes sécheresses à partir de 1970-73 qui ont démantelé ces troupeaux et coupé ce cordon ombilical entre le Hoggar et le Niger.

La tribu la plus remarquable et peut-être aussi la plus importante démographiquement au Tamesna était celle des Irreguenatènes. Ils se disaient issus de mariages entre des hommes d'origine « arabe » et des femmes touarègues. Ils parlent un arabe très proche du *hassanya* de Mauritanie, et aussi parfaitement le tamâhaq, vivent à la mode touarègue (vêtement, campement, mœurs), sont d'excellents gestionnaires de leurs troupeaux et aussi de bons organisateurs sur le plan matériel. Ils étaient plus rigoureux, mieux organisés que les campements du Hoggar. Ils alliaient l'énergie des Chaânba avec le style de civilisation des Touaregs. Ces gens très sympathiques et attachants n'ont jamais fait l'objet d'études approfondies. L'on pourrait trouver là l'exemple d'un groupe « arabe » (peut-être descendant des Hilaliens ou des Zénètes) qui s'est berbérisé depuis des siècles.

Je ne voyais jamais de caravanes avec des sacs de mil ou de dattes arriver dans le campement. Quand ces caravanes revenaient du Sud ou du Nord, elles arrivaient toujours discrètement la nuit à distance du campement ; elles ne voyageaient jamais de jour à la vue de villages ou de campements. Il fallait éviter la présence des quémandeurs, le regard d'autrui, l'envie, porteurs de « mauvais œil », et engranger rapidement toutes ces provisions, soit dans des magasins près d'habitations en dur, soit dans des silos aériens ou enterrés. Jamais je n'ai vu un seul animal chargé de sacs de grains arriver dans le campement. C'était malvenu, incorrect à tous points de vue. Ces interdits sur ces opérations domestiques alimentaires allaient très loin. Par exemple, mon cuisinier, qui était hartani, répugnait à traverser le campement en tirant un bouc qu'on nous avait offert pour notre consommation. C'était honteux pour lui et dégradant. Un homme libre ne devait pas se commettre en tâches dérisoires concernant la vie matérielle ordinairement dévolues aux domestiques. Ce snobisme des aristocrates touchait les moindres détails de la vie de tous les jours. Naïvement j'étais monté sur mon chameau en plein campement pour partir en promenade ; je n'étais pas plus tôt en selle que l'animal apeuré partit au galop alors que j'avais peine à ne pas me laisser désarçonner. Les femmes qui avaient vu la scène émirent des youyous stridents croyant que je me livrais à une parade fantaisiste alors que je ne maîtrisais pas ma monture. La coutume voulait que je sorte à pied à distance et hors de la vue du campement, et que je me juche sur ma monture en dehors de tout regard pour ne pas risquer toute attitude ridicule (chute, emballement de l'animal, etc.). C'est alors que je remarquais que les départs des méharistes du campement ou des invités de passage ne se faisaient qu'à une distance respectable et de préférence hors de la vue des hôtes, même si ceux-ci accompagnaient longuement les partants. L'arrivée se pratiquait de la même façon : le méhariste descendait de sa monture à plusieurs centaines de mètres du campement, évaluait de loin la tente vers laquelle il devait s'orienter, ou s'il ignorait l'identité des tentes, il attendait qu'on vienne le chercher, tenant son chameau au bout de sa rêne. Si c'était un individu de marque, l'on s'occupait de sa monture et on le conduisait vers la tente des invités ou celle du chef où il arrivait lentement, très dignement. Toutes ces règles de bienséance, je les ai apprises seul, souvent à mes dépens : savoir arriver ou partir, savoir saluer les présents selon leur rang, etc. Contrairement à nos habitudes, c'est le subalterne qui vient tendre la main (avec un léger frôlement si subtil des Touaregs) au supérieur qui, lui, attend dignement. Quand j'arrivais seul devant un aréopage de personnages au milieu duquel trônait l'aménokal, j'étais toujours crispé et gêné de savoir dans quel ordre je devais saluer. L'assemblée restait immobile jusqu'à ce que je sois à trois ou quatre mètres. L'aménokal se levait alors, me saluait, les autres l'imitant. La tente entourée des nattes paravents qui formaient une courette intérieure, était pourvue de sable propre (souvent renouvelé) avec le foyer au milieu de la courette. Un trépied de fer permettait de suspendre la bouilloire et un familier s'occupait d'animer les braises, tandis qu'un autre préparait cérémonieusement le thé. Il fallait savoir préparer correctement cette liqueur âcre, tant appréciée des Touaregs, pour être digne d'être choisi pour ce rôle par l'assemblée. L'aménokal était assis sur un tapis qui lui était propre, ses conseillers, nobles comme lui, occupaient de part et d'autre des tapis différents et tous les roturiers ou domestiques n'avaient droit qu'au sable ; il était très inconvenant que ceux-ci empiètent sur les tapis des aristocrates ou de l'invité, s'ils le faisaient on les éconduisait discrètement. Quand j'arrivais donc, l'aménokal faisait venir un tapis spécial ou une couverture neuve qu'on déployait à ses côtés pour moi seul, et qu'il me désignait d'un geste. Tous ces petits détails m'étaient une découverte permanente dont je sentais l'importance. Ils marquaient le rang et la qualité que l'on m'accordait d'égal à égal ; en retour, mes réactions et ma compréhension de ces subtilités me situaient à leurs yeux comme quelqu'un d'estimable, de digne et de respectable. Le cas contraire aurait beaucoup nui à mon image et à mes rapports avec toute cette société. Boire le thé chez l'aménokal m'était donc une épreuve de maintien, d'honneur et de courtoisie qui me demandait des heures de station assise en tailleur, d'écoute de conversations en tamâhaq et en arabe, et aussi d'écoute de silences. Or, les silences sont néfastes, les mauvais génies peuvent s'y engouffrer et ravager les esprits, engendrer la zizanie. Il fallait donc meubler les silences par des exclamations discrètes, des paroles conjuratoires, des soupirs de satisfaction qui représentaient une vraie batterie de protection. L'on disait par exemple : *i wallah* (par Dieu) ! *oubiyen* (évidemment), *tidit* (c'est vrai) ! *it bât* (c'est cela) !

et pour ceux qui savaient un peu l'arabe *starfirallah* (que Dieu me pardonne) ! *hamdulillah* (Dieu soit loué) expressions qui n'avaient rien à voir avec ce qui venait d'être dit, mais qui maintenaient l'échange meublant les silences.
Quand le troisième verre de thé était bu, plusieurs personnes se levaient brusquement et partaient sans mot dire, et ainsi de suite jusqu'à ce que je reste seul avec l'aménokal. Il fallait bien alors que je m'en aille. Je le saluais, le remerciais et partais enfin dignement, toujours lentement. J'étais souvent déconcerté par ces habitudes très différentes des nôtres. Toute consommation de nourriture ou de thé se terminait en général brusquement, chacun se levait et partait en silence. Tout cela m'était très dur au début, car personne ne parle jamais de ces petites choses qu'on vit, qu'on sent selon sa sensibilité, son degré d'attention. Or, les Touaregs sont de grands experts en psychologie et ils jaugent un individu avec une grande acuité, à tel point qu'ils peuvent très bien prévoir ses faiblesses, ses dérapages ou son courage. Les moments les plus forts que j'ai vécus dans ce type de situation ont été lors des retours de l'aménokal revenant d'un grand voyage d'Alger ou du Tamesna. Sa belle-mère Damla, la deuxième femme de son père Akhamouk, venait de le saluer. L'aménokal était en grande tenue sous son grand voile indigo, ses tuniques d'apparat avec ses cordons de noblesse ; il était assis à terre à l'ombre de sa tente entouré d'un aréopage de gens silencieux. Une des personnes qui venait alors immédiatement le saluer était sa belle-mère. Elle se plaçait à un autre bout de la tente, tournant le dos, voile sur le nez et posait des questions banales à l'aménokal : « Ça va ? Tout s'est bien passé ? Tu n'es pas fatigué ? Es-tu satisfait ? » Et lui répondait par monosyllabes très dignement avec une émotion véritable. Au bout de longs quarts d'heure de pareils échanges, elle se permettait de poser de véritables questions plus précises, demandant des nouvelles des personnes rencontrées, des circonstances des visites, toute chose que tout le monde pouvait entendre et qui restait des échanges de grande courtoisie. Tout en parlant, Damla traçait sur le sable

des traits, des signes qu'elle effaçait aussitôt, mais très doucement à voix basse. Tout le monde était très silencieux et quand elle estimait avoir satisfait le rituel (cela durait au moins une heure et chacun restait sur ses gardes), elle partait discrètement. Alors, à ce moment-là, l'atmosphère se détendait. Il y avait un petit bavardage et le plus élevé des personnages présents, en général c'était Marly, Mohamed ou Baleyel, se permettait des questions directes : « Qu'est-ce que tu as fait durant ton séjour ? Le capitaine qu'est-ce qu'il t'a dit ? » Le capitaine a dit ci, a dit ça, j'ai vu Un tel. Alors la conversation se dégelait, cela durait quelque trois heures parfois. Quand je me trouvais dans ces situations, j'avais mal aux jambes, je n'osais pas trop bouger et je me demandais quand il fallait que je parte, parce que moi aussi j'avais compris qu'il fallait que j'accorde l'honneur d'assister l'aménokal, au moins pendant une heure ou deux ; parce que cet honneur était fonction du temps qu'on lui accordait, même si on ne disait rien, on était là. En d'autres circonstances j'ai vu l'émotion que représentait un deuil. J'étais à Tam, quand le fils cadet de Marly, Abdelkader, est mort d'une crise d'asthme à In Salah avec des touristes belges. Il était fatigué ; au lieu de s'arrêter, il a voulu continuer, il est mort asphyxié, d'un arrêt cardiaque. Alors Mohamed Rouani, son cousin, est allé en pleine nuit voir ce qui s'était passé, a ramené le corps, et on l'a enterré. Ce jour-là je suis allé voir Marly ag Amayas. Il habitait une maison dans le quartier El Khafra à Tam. Il y avait foule, trente à quarante personnes dans une grande cour. Marly était au bout de la cour, je l'ai salué. Je lui ai dit quelques mots de condoléances. Nous étions tous assis, là ; on ne disait rien du tout, mais l'on assurait une présence affective auprès du père pour manifester notre peine et notre amitié. Je trouve ces moments très dignes. Ces réunions de deuil (*'azna*, *tasnit*) ressemblent aux veillées mortuaires de chez nous ; les gens sont présents, ils ne parlent pas, ils prient silencieusement. Là, il n'y avait pas prière, parce que celle-ci avait déjà eu lieu au moment de l'enterrement. Ces moments émotionnels chez les Touaregs étaient intenses dans tous les instants graves de la vie. Chez l'aménokal, j'avais appris ces choses-là par obligation et nécessité, mais c'était toujours pour moi un exercice très subtil, pour savoir quand il fallait décrocher, combien de temps il fallait rester, quelles paroles il fallait dire et quelles limites il fallait donner à la conversation, quand j'attendais une réponse afin que l'information me soit offerte, avec courtoisie et élégance. Car c'était affirmer sa marque de compréhension, de distinction en phase avec la culture touarègue et ses raffinements.

Si j'avais enfreint le protocole, personne n'aurait rien dit, mais chacun aurait compris que l'étranger que j'étais, n'était pas en phase avec eux, qu'il était indifférent, maladroit ou insensible à leur culture. Mon rôle était d'être patient et tout à l'écoute silencieuse de ces subtilités.

Je voulais comprendre au plus profond cette société. Ce n'est pas parce que je voulais leur enseigner ma langue, le calcul et des ouvertures sur le monde que je m'octroyais aussi la tâche d'imposer ma culture et ses règles. Je sentais qu'il me fallait tout apprendre de ce petit monde raffiné, malgré l'apparence rustique de cette vie, car c'était aussi cela que j'étais venu chercher. Leurs différences m'apprenaient à mieux me définir moi-même, à mieux me situer et me comprendre. Tout cela était implicite en moi, instinctif, et préfigurait déjà l'attitude, le comportement moral que j'ai tout naturellement pratiqué bien plus tard en tant qu'ethnologue.

J'ai vécu par exemple une anecdote originale concernant une personne qui voulait faire fi du protocole. Le médecin militaire qui était arrivé en 1952 à Tamanrasset avait son francparler, aimait faire des farces et devait être aussi un peu agacé de l'importance qu'on accordait à l'aménokal. Il arriva pour la première fois au campement au volant de sa Jeep militaire tout en jouant intempestivement du clairon (une charge militaire !). Dans le campement en émoi toutes les têtes apparurent pour comprendre cette drôle de musique, probablement jamais entendue. À cinquante mètres des tentes, la Jeep s'est arrêtée, le médecin et son traducteur sont descendus et ce dernier dit aux gens : « Voilà le nouveau *toubib* de Tamanrasset, il vient pour soigner les malades ! » Le médecin salua l'aménokal, but le thé protocolaire, reçut quelques malades et s'en alla satisfait de son effet. Car son but n'était pas de chercher à respecter les protocoles traditionnels. Il disait : « Moi, l'aménokal, je m'en fous, je suis ici pour soigner les malades ! » Les gens souriaient de voir un médecin si original et si peu protocolaire, mais ne l'en respectaient pas moins, car, somme toute, sa plaisanterie n'était pas considérée comme incongrue. On lui accordait sa différence, sa fantaisie, car rien dans son comportement n'était irrespectueux ou méprisant.

J'eus souvent par la suite l'occasion d'apprécier la tolérance et le sens de l'humour de mes hôtes en d'autres circonstances. Balayel, mauritanien d'origine, était au service de l'aménokal comme traducteur, secrétaire, confident et souvent conseiller. Malgré son assimilation à la culture touarègue, il prenait quelquefois la liberté de dire des vérités premières, de faire le bouffon, de faire mine de se mettre en colère et avait l'art de faire rire tout le monde, de détendre l'atmosphère souvent pesante et compassée. Lui seul pouvait se permettre quelques écarts de langage comiques et calculés. Un matin il monta sur la colline qui dominait le campement, se mit à hurler l'appel à la prière, tel un muezzin. Tous les gens surpris sortirent de leur tente et chacun, amusé et consentant, se mit à prier, car cet appel était exceptionnel. L'atmosphère du campement était telle que parfois l'on avait envie de crier, de libérer son corps et son esprit en hurlant sans raison. Balayel savait provoquer et faire rire. Tout le monde connaissait l'histoire de Barbe bleue, car j'avais un phonographe à manivelle et des disques en 78 tours que m'avait offerts le directeur de *Radio-Alger* que mon expérience intéressait. L'acteur qui jouait le rôle de Barbe bleue d'une voix tonitruante ravissait les Touaregs et les enfants qui demandaient souvent de réécouter ce disque ainsi que la chanson de Charles Trenet « L'âme des poètes ». Donc, Barbe bleue leur apparaissait comme l'homme puissant, grand et gros, qui aimait les femmes et les trucidait ; ils en avaient une grande admiration. Et Balayel d'apostropher, Bey l'aménokal : « Voilà Barbe bleue ! » car ce dernier avait effectivement la barbe teintée en bleu par les voiles indigo qu'il portait enveloppant son visage. Tout le monde riait y compris l'aménokal, car cette histoire nous était spécifique. Je n'ai pas eu assez de temps pour me livrer à une véritable enquête sur la capacité de mes hôtes à apprécier les musiques et chansons occidentales avec leurs rythmes et leurs mélodies, mais ils montraient en général beaucoup d'intérêt et de curiosité. Beaucoup plus tard, cette relation s'est effectuée avec l'apparition de radiocassettes et leurs musiques modernes. J'ai découvert que les artisans travaillaient en musique presque tous les jours et captaient des émissions en provenance du monde entier sur leurs énormes appareils portatifs.

Cependant au campement de l'aménokal il n'y avait ni chant, ni musique. Autant l'aménokal semblait le garant de la culture touarègue, autant il versait en revanche dans la bigoterie religieuse, avec une tendance qu'on pourrait qualifier aujourd'hui « d'intégriste ». Alors qu'il avait eu une jeunesse tumultueuse et plutôt libertine comme les jeunes gens de sa génération, sa première décision, après qu'il fut élu aménokal, a été d'interdire dans son campement toute manifestation musicale et toute réunion de jeunes gens autour du traditionnel *tindé* et de l'*imzad,* violon monocorde, symbole du raffinement poétique et de l'amour courtois chez les Touaregs. Comme Moussa ag Amastane, comme Akhamouk son père, il avait à ses côtés un *tâleb,* conseiller religieux qui l'influençait beaucoup. Pour les religieux musulmans les mœurs et le libertinage des Touaregs leur apparaissaient impies, sauvages, honteux. Ils n'avaient de cesse de convaincre les chefs de « cette erreur » qu'il fallait corriger à leur niveau, pour donner l'exemple au petit peuple. Convaincu de ses responsabilités morales, Bey envoya tous les enfants du campement apprendre tous les jours le Coran, chez son *tâleb* et dans un acte de colère brisa lui-même les *imzad* de son entourage en interdisant l'usage du *tindé* comme tambour de fête. En sorte que, quand l'aménokal était présent, le campement était un véritable monastère sans joie, sans cris d'enfants, sans appels qui puissent troubler la rigueur imposée par le maître des lieux. En revanche, quand celui-ci sortait sur son méhari ou emporté par un véhicule, une véritable métamorphose s'opérait en quelques minutes. Tout le monde sortait de dessous les tentes, les femmes s'interpellaient, les enfants criaient en courant de tous côtés, je crois même que les ânes se mettaient à braire plus librement. À mes débuts je ne comprenais pas cette soudaine explosion. Je demandais alors à mon cuisinier : « Mais qu'est-ce qui se passe ? » Il me répondait laconique : « Tu ne comprends pas ? C'est le roi des animaux qui est parti ! » Les jeunes gens du campement devaient parcourir des dizaines de kilomètres pour participer à une réjouissance quelque part chez d'autres nomades, quand cela était possible, car avec la pauvreté des pâturages les voisinages étaient rares.

Un soir, m'étant promené en direction d'une fête, j'aperçus une espèce de fantôme à quelques mètres de moi. En approchant je devine un homme le bras levé, une épée prête à frapper, je n'avais pas même un bâton pour me défendre et me sentais bien démuni et fort inquiet. Mon burnous brun permettait toutefois d'être reconnu. L'individu s'approche et s'exclame : « Dieu soit loué ! c'est toi ! je croyais que c'était un génie. J'ai dégainé mon épée pour me protéger, car les génies n'aiment pas l'acier ! » J'éclatais de rire en m'apercevant que mon interlocuteur avait eu davantage peur que moi. Sur ce, il me dit : « Tu vas chez Une telle ? Alors je te laisse ! » Car la hiérarchie des âges m'accordait la préséance. Je me récriais : « Mais non ! mais non ! je vais juste dire bonsoir, tu peux m'accompagner ! » Ainsi j'apprenais petit à petit la vie secrète des allées et venues nocturnes. Les enfants me confièrent plus tard qu'ils ne mangeaient, et ne buvaient ni eau, ni lait les soirs où ils devaient se rendre à des réunions nocturnes. Car émettre des gargouillements intestinaux ou encore pire, émettre un bruit incongru, représentait une honte majeure. Le dictionnaire du Père de Foucauld signale quatorze mots désignant le pet sous toutes ses formes ; les anecdotes malheureuses et infâmes des victimes de ces incongruités ne manquent pas.

À propos des visiteurs, je refusais de les recevoir durant mes heures de travail. J'effectuais trois heures le matin, trois heures l'après-midi de cours et d'exercices montre en main, à la minute près. J'étais obsédé par le temps et résistais de toutes mes forces à la dégradation de mes rapports au temps pour garder l'efficacité de ma tâche scolaire, sans compter celui consacré en plus aux préparations des leçons, des fiches de travail, au cahier-journal scolaire obligatoire. Car le laisser-aller dont on pouvait être victime dans la chaleur, l'atonie du campement et les effets du « cafard », pouvaient être fatals. Personne n'était là pour me dire : « Réveille-toi ! » J'avais besoin de maintenir mon propre dynamisme par une discipline de vie rigoureuse, quasi militaire. Ayant atteint mon rythme de travail après des semaines douloureuses d'apprivoisement avec mes élèves, les progrès deve naient rapides et efficaces. En sorte que je n'étais pas essentiellement à l'écoute de la vie du campement, car je n'étais pas là pour cela, et que beaucoup d'informations m'échappaient. Mon cuisinier était à peu près dans les mêmes conditions que moi, mais plus disponible ; il savait tendre l'oreille aux nouvelles et bavardait volontiers avec les femmes qui m'apportaient le soir un pot de lait de chèvre, du bois ou prenaient un prétexte quelconque pour nous visiter discrètement. Car dans l'accueil que m'accordait le campement, je recevais chaque jour un pot de lait frais, on me fournissait des outres d'eau, du bois et une ou deux bêtes de somme lors des déménagements. Marly ag Amayas m'avait proposé l'achat d'un vieux chameau hongre pour mes promenades du dimanche ; ses domestiques en assuraient la garde au pâturage près du campement. Cette monture me donnait une certaine liberté durant mes heures de repos, mais il fallait que j'annonce la direction que je prenais, car chacun se sentait responsable de ma personne. Un soir, la nuit me prit à mon retour, et tout le campement fut en émoi. On tira un coup de fusil en l'air pour m'avertir de la position du camp et guider mes pas. Il était facile de se perdre par des nuits sans lune et sans étoiles, surtout si la panique vous gagnait. Cette aventure m'est arrivée une fois et j'ai compris combien la peur provoque un véritable dessèchement du corps par une respiration haletante ; l'affolement, la perte du sens de l'orientation à prendre et de tout raisonnement logique, deviennent impossibles à maîtriser. L'homme égaré et affolé a toujours tendance à tourner en rond.

Je reviens à la vie interne du campement et au rôle de l'aménokal. J'avais remarqué, lors des rares occasions où je me trouvais sous sa tente au moment où arrivaient des visiteurs, la somme de connaissances que nécessitait la position du chef suprême. Un homme ou une femme arrivait lentement à pied vers le campement. À trois cents mètres selon sa marche (fière ou roturière), sa monture, sa tenue vestimentaire, le port de son voile, chacun des présents autour de l'aménokal supputait l'appartenance tribale de l'individu, sa filiation, son nom, le lieu d'où il venait et même les motifs de sa visite. Les échanges étaient rapides, discrets. Le silence s'installait dès l'instant où arrivait le visiteur qui saluait tous les présents un à un. Après les longs échanges des formules de politesse, la première question posée était irrémédiablement le fameux : *issalân* ? quelles nouvelles ? « Bô ! Bô ! répondait le visiteur – Que le Bien ! Dieu soit loué ! » La cérémonie du thé commençait alors que l'on n'avait échangé depuis trente minutes que des banalités. Comme chacun savait d'où venait l'interlocuteur, quelle était sa famille, on lui demandait des nouvelles d'Un tel, des pâturages, des animaux, de la santé des gens, des événements de sa région. L'autre répondait sourdement entre ses dents, timidement, d'une voix grave, remontant souvent son voile sous les yeux, signe de pudeur, de respect et de retenue. Après le troisième verre de thé, les comparses les moins importants s'en allaient, le visiteur restait avec l'aménokal et deux ou trois de ses conseillers pour aborder les vraies questions et les motifs de cette visite. Ceux-ci pouvaient être multiples et très divers : demande d'une aide nourricière, d'une exonération d'impôt, d'un arbitrage dans un litige à propos de jardins, de maisons, ou de pâturage, intervention auprès de l'administration militaire qui avait lésé le plaignant dans ses droits. L'aménokal, alors garant des droits coutumiers, devait avoir en mémoire toute l'histoire locale de son petit peuple, la connaissance des exceptions aux règles, connaître en détail les limites du territoire de chaque tribu, faire appel à chacun des *amghar* (représentants élus) qui assuraient le relais de son autorité et faisaient respecter ses décisions, etc. Le rôle d'arbitre, de pondérateur, de magistrat, de répartiteur de biens (et autrefois de chef de guerre) que devait assurer l'aménokal dans la pratique de ses fonctions, bien qu'entièrement orale (mis à part quelques rares écrits authentifiés par son tampon) n'était pas de tout repos. Tous les tenants de civilisations orales affichent une mémoire exceptionnelle, indispensable à l'autorité et au prestige que doit avoir le chef suprême. Dans le cas de Bey, c'était trois personnages principaux qui assuraient avec lui la concertation préalable et le débat avant toute décision importante. Car rien n'était proclamé sous l'impulsion de la colère, ni dans la précipitation. La colère d'un individu était toujours considérée comme une emprise du diable (*iblis*) ; le même mot désigne la colère et le diable. Les longues observations auxquelles se livraient les Touaregs muets derrière leur voile, ne laissant apparaître que leurs yeux, leur permettaient de supputer tous les caractères des individus et même de prévoir leurs actes. Mon cuisinier, qui était sensible comme moi à tout cela, me disait, philosophe : « Tu sais, ces gens-là te regardent et te pèsent comme de l'or ! Ils savent ce que tu vas dire, avant que tu ne parles. »

J'avais une totale admiration pour leurs connaissances du pays, de leur milieu, leurs coutumes, les sommes d'informations qu'ils totalisaient sur des milliers d'individus et qu'ils enrichissaient et actualisaient jour après jour. Car tous les jours l'aménokal recevait des émissaires de tous côtés, outre les gens qui venaient le saluer par politesse, le voir et l'honorer. Le campement de l'aménokal était l'épicentre du pays, le creuset de toutes les informations qui faisaient la force de son pouvoir et de son autorité. Cependant, le double commandement opéré par les militaires français et les infrastructures qui quadrillaient peu à peu tout le territoire avec des moyens modernes, allaient éliminer progressivement cette petite royauté réduite peu à peu à des rôles d'opérette. J'ai vu bien plus tard, en revanche, ce double commandement des tribus et du pouvoir central réussir au Yémen. Le « cheikh des cheikh » du Yémen, Abdallah Lahmar, dans les années quatre-vingt, avait dans toutes les tribus (*qabaïls*) des gens légalement armés qui discutaient d'égal à égal avec le chef du gouvernement à Sanâa. Ce cheikh avait une connaissance encyclopédique sur l'histoire, la politique et la vie humaine de ses concitoyens qui dépassait celle du chef du gouvernement. Ce cas exceptionnel prouvait que les petites démocraties tribales pouvaient survivre avec compétence et efficacité, en résistant aux tendances autoritaires d'un gouvernement central. Ce type de démocratie directe a bien entendu toujours été combattu ou écrasé par nos États jacobins et centralisés, particulièrement en France. Nous n'en avons pas tiré les enseignements qui auraient pu éviter bien des révoltes et des guerres dont les effets retard réapparaissent aujourd'hui au Maghreb et un peu partout dans le monde.
Donc, le rôle de l'aménokal était de rester constamment en contact avec son peuple et de pratiquer une gestion directe, compte tenu bien entendu des hiérarchies qui structuraient cette société. Mais l'administration militaire française avait aussi un moyen efficace qui lui permettait des contacts permanents : c'était les pelotons méharistes créés le 1er avril 1902 à l'instigation du commandant Laperrine. Les compa-

gnies méharistes remplaçaient les tirailleurs et spahis sahariens inadaptés aux grandes étendues du désert. Ces compagnies recrutaient des nomades sahariens encadrés de sous-officiers et officiers français. Les recrues devaient pourvoir à leur nourriture, leurs vêtements et à leur monture. La paie qu'ils recevaient leur permettait ces prises en charge. Ce système accordait à ces groupes nomades une totale autonomie de mouvement et une grande mobilité. Passé la période de conquête des territoires sahariens (voir l'ouvrage de Bernard Blaudin de Thé, 1955, « Historique des Compagnies méharistes 1902-1952 »), les pelotons méharistes toujours sur le terrain, outre leur tâche de maintien de l'ordre, pratiquaient le recensement de la population, celui des troupeaux et se tenaient informés sur le moindre événement du pays : position géographique des tribus, des pâturages, des puits, état d'esprit des populations, police et politique. Toutes ces informations étaient régulièrement répercutées auprès du commandant militaire de Tamanrasset et à celui qui faisait en quelque sorte fonction de sous-préfet : le chef d'annexe, sous la dépendance du commandant des Territoires des oasis, situé à Ouargla, capitale administrative.
La vie de ces pelotons méharistes était très rude : discipline militaire, contrôle permanent des équipements, renvoi immédiat des méharistes inadaptés, marches à pied et à méhari sur des milliers de kilomètres toute l'année, courriers rapides vers le commandement, moyens radio avec vacations journalières, etc. Les anciens nomades retrouvaient dans cette vie le dynamisme et l'aventure qu'avaient perdus leurs tribus vivotant plutôt pauvrement dans leurs vallées en plaine ou en montagne. Cependant, ces méharistes étaient en grande partie des *Chaânba,* anciens ennemis des Touaregs (et que ceux-ci appelaient les « Arabes ») qui découvraient avec une curiosité gourmande ces territoires qui leur avaient été longtemps interdits.

Le Sahara a toujours été un vaste landernau où les nouvelles ont toujours circulé presqu'aussi vite que la radio. Le traditionnel : *issalân* ? quelles nouvelles ? qui fait toujours suite aux salutations d'usage, n'est pas qu'une convenance. Le visiteur, quel qu'il soit, est toujours un « messager » au sens biblique du terme ; il est porteur de nouvelles, qu'on souhaite toujours bonnes, mais aussi de dynamisme et pourquoi pas de *baraka*. À ce titre il est bien reçu, nourri, hébergé durant trois jours ; la chaîne de solidarité et d'énergie dont il est porteur ne doit pas être rompue, sinon c'est le malheur, la malédiction qui s'installe. Certains individus sont considérés comme porteurs de mauvais sort, ils prononcent de mauvaises paroles ; on les fuit et l'on purifie l'atmosphère après leur passage en brûlant de l'encens ou en changeant de lieu de campement. C'est une des raisons pour lesquelles les mauvaises nouvelles s'échangent à voix basse en aparté, jamais devant une grande assemblée.

Outre les nombreux visiteurs du pays, l'aménokal était aussi soumis à des visites protocolaires de personnalités européennes qui venaient soit se présenter en signe de politesse ou d'allégeance, soit par curiosité pour s'honorer d'avoir été reçu par l'aménokal du Hoggar considéré comme le prince de ce beau royaume saharien. Lors de ces visites, j'étais souvent sollicité pour servir d'interprète et aussi comme personnalité locale à laquelle on demandait quelquefois avis et conseils. Le père Jean-Marie Cortade vint se présenter en 1951 (accompagné de Maurice Figeac, futur ermite laïque) alors qu'il créait à Tamanrasset la première fraternité des Petits Frères de Jésus (selon les projets définis par le Père de Foucauld). L'aménokal était prévenu de sa visite et de ses demandes déjà soutenues par les Autorités militaires à savoir : occupation du bordj du Père de Foucauld à Tamanrasset et de la « Frégate », bâtiment où habitait le père de l'autre côté de l'Oued Tamanrasset ; occupation de l'ermitage de l'Assekrem, possibilité de nomadiser autour de l'Assekrem… Parmi les personnalités les plus remarquables durant cette année, il y eut la femme du gouverneur général de l'Algérie, madame Léonard,

lequel était venu à Tamanrasset remettre la légion d'honneur à l'aménokal. Madame Vincent Auriol (à l'époque épouse du président de la République française) honora aussi le campement d'une visite. Sa personne, son élégance de grande dame qui savait s'asseoir à terre avec aisance (elle était vêtue pour la circonstance d'une large jupe plissée) lui conféraient une noblesse que les Touaregs avaient appréciée avec admiration. Elle était entourée de ses enfants auxquels mes élèves offrirent quelques-uns de leurs plus beaux dessins. Le consul d'Allemagne (R.F.A.), nouvellement accrédité à Alger, vint aussi saluer l'aménokal et me demanda si un livre d'hommage sur le chancelier Adenauer pouvait être un cadeau convenable en la circonstance. Je lui répondis que personne ne lirait jamais ce livre, mais qu'une montre-bracelet de grande marque pouvait être mieux appréciée. Car tous les Touaregs connaissaient les meilleures de ces marques et ils étaient très fiers d'arborer à leur poignet un tel bijou, en or de préférence.
Les Autorités de Tamanrasset durent intervenir pour limiter ou interdire le flot de visiteurs et de curieux qui voulaient aller voir l'aménokal, celui-ci appréciant de moins en moins de devenir un simple objet de curiosité.

L'aménokal recevait aussi très largement des nouvelles hors de son territoire, grâce à ses caravaniers qui revenaient soit du Damergou, au sud du Niger, de Kano ou Sokoto (au Nigeria) où les nomades allaient commercer (pour échanger leur sel contre du mil, des objets d'artisanat), soit du Tidikelt et du Touat au nord, d'où ils ramenaient des dattes. Les autres pôles importants d'informations permanentes étaient aussi l'Adrar des Iforas au sud-ouest et l'Ajjer à l'est. C'était un devoir et aussi un honneur pour chaque voyageur, de rapporter à l'aménokal ce qu'il avait vu, vécu en ces territoires lointains où guerroyaient autrefois les Kel Ahaggar. La connaissance et la mémoire des lieux restaient encore vives dans cette génération née au début du siècle, entre la fin de l'époque héroïque du nomadisme conquérant et le début de l'époque coloniale. Ils restaient fiers de leur prestige et de leur renommée. En revanche, la compréhension des géostratégies internationales qui régissaient le monde depuis le boom pétrolier des années cinquante-soixante, échappait totalement à ces populations qui acceptaient finalement de se voir dépassées ; car au demeurant, leurs besoins primaires étaient satisfaits. La colonisation n'ayant guère touché au statut des esclaves qui assumaient toutes les tâches domestiques et l'élevage des troupeaux, cette société vivait sur ses acquis. J'avais demandé un jour à l'aménokal : « Pourquoi ne profitez-vous pas des voyages qui vous sont proposés pour visiter le Maghreb du Nord et les autres pays ? » Il me répondit : « J'ai vu Alger, Oran, Constantine, Biskra… cela me suffit ! » Autrement dit, tout ce qui ne concernait pas essentiellement le monde touareg et sa civilisation ne l'intéressait pas.

Mais alors que la démographie des nomades restait stable ou progressait faiblement, celle des cultivateurs des centres de cultures augmentait considérablement. Les boutiques de commerçants venus en particulier de Metlili, Ghardaïa, Ouargla, El Goléa, In Salah, proliféraient à Tamanrasset en particulier, en raison des facilités de transports routiers et aériens, et de la demande de plus en plus forte des biens de consommation. Car le renforcement de tous les services, avec l'arrivée de nouveaux crédits (service de l'Infrastructure saharienne, hydraulique, embauches à In Amenas, Edjeleh, In Salah, etc.), opérait une véritable mutation socio-économique et technologique dans laquelle les nomades demeuraient encore marginaux. En outre, les religieux appelés en bloc « marabouts » (*tolba, chorfa* en particulier) devenaient légion en prélevant leur part sur toutes les transactions commerciales en assurant de leur protection magique et religieuse ceux qui les enrichissaient. L'aménokal égrenait son chapelet, assistait en spectateur passif à toute cette évolution qui lui était de plus en plus étrangère. Dépositaire des droits et coutumes traditionnels, il en était en quelque sorte le prisonnier, incapable d'innover, de comprendre les nouvelles réalités et de s'y adapter en leader de son peuple. C'était aussi pour ces raisons qu'il resta presque indifférent au mouvement de la révolte qui éclata en 1954 et qui allait devenir la guerre d'Algérie pour aboutir à l'indépendance du pays en 1962. Il ne se sentait pas directement concerné par la politique des « Arabes du Nord », mais n'en manifestait aucune hostilité. À la question que lui posa un journaliste algérien en 1962 : « Excellence Aménokal, que pensez-vous de l'indépendance de l'Algérie ? », il répondit : « Auparavant c'était les Français qui nous commandaient, maintenant ce sont les Arabes. » Cette réponse fut reçue et interprétée de façon fort différente selon les interlocuteurs. Les uns perçurent : la colonisation des Français est remplacée par celle des Arabes ; d'autres imaginèrent une relation de défiance à l'égard des autorités d'Alger. En fait, cette réponse était plus une simple constatation qu'une remarque politique. Bien avant 1962 l'aménokal et sa petite cour se savaient hors circuit. Souffrant de diabète, de problèmes entéro-gastriques et surtout de vives douleurs d'arthrose aux hanches et dans les reins, Bey ag Akhamouk, malgré les soins médicaux dont il était l'objet (les médecins algériens furent très attentifs à le soulager, il fut plusieurs fois hospitalisé à Alger), confiait déjà son âme à Dieu et souhaitait mourir dignement en bon musulman. Après un mois de traitement intensif à l'hôpital d'Alger, il fut renvoyé mourant à Tamanrasset. Les médecins avaient prévenu la famille de sa fin imminente. Un certain nombre de personnes le veillèrent toute la nuit (Chennani ag Mostafa et son frère Bilal, Sidi-Mohamed ag Mohamed, Jaugi ag Marly, Ahmed Baco son chauffeur, Oum Elkheir sa fidèle servante, Abderrahmane Larjien, le chef infirmier de Tamanrasset, Baleyel, Amma ag Akhamouk, que son frère Hadj Moussa rejoignit ensuite). Il mourut le 1er juin 1975 à 3 heures du matin.

Au retour de son pèlerinage à La Mecque, Bey, qui voulait prouver sa piété par un acte solennel, proclama que tous ses

Mariage, présages et superstitions

– Lors de la cérémonie du mariage, une petite tente est dressée durant la première nuit au-dessus d'un tertre de sable spécialement apprêté pour permettre aux jeunes mariés d'y dormir. La femme se couche à l'est et l'homme à l'ouest.
Si, après le mariage et l'abandon du tertre appelé *adebel*, l'on constate des trous de rats dans le côté est de ce tertre, l'on conclut à l'infidélité de la femme. Si ces trous se situent à l'ouest c'est l'homme qui est infidèle.

– N'allez jamais dire à une femme qu'elle est jolie ou bien peignée. Elle sera offensée, car cette remarque pourra lui porter malheur avec le mauvais œil.

– Quand on reçoit une offrande matérielle (alimentaire ou autres), il convient de tendre toujours les deux paumes de mains jointées, mais jamais une seule main, geste considéré comme impie. Car ce serait dénigrer l'offrande et n'en accepter qu'une partie.

– Ne pas jouer avec le feu ni remuer la cendre du foyer chez un hôte. Ce geste peut ruiner la production laitière des chamelles qui pourraient devenir stériles ou mourir.

esclaves seraient libres après sa mort et que personne ne pourrait plus jamais les contraindre. Cet acte et bien d'autres prouvant sa générosité et sa piété développa un respect particulier autour de sa personne et par-delà sa mort.
Une grande avenue du Tamanrasset moderne a été nommée Akhamouk-Bey, en souvenir du dernier aménokal qui, désormais, devient une figure historique du pays.

Durant cette saison scolaire passée dans le campement de l'aménokal, nous avons déménagé deux fois après Tounin Akourim : en bordure de l'oued Tit au lieu-dit Tin Taouardi entre les villages de Tit en amont, d'Ennedid et Iglène en aval, puis dans l'oued Amekni au pied d'une montagne appelée Sebedidj Atamâa. C'est près de Tit au lieu-dit Tin Essa (mamelon de roches de granit lisse sur lequel on a l'habitude de faire sécher la viande de conserve) qu'eut lieu la fameuse bataille de Tit le 12 mai 1902, entre les Kel Ahaggar et une troupe de cent méharistes commandés par le lieutenant Cottenest. En 1951-52 le lieu de cette bataille était quasiment intact. Les os des hommes tués au combat jonchaient encore le sol sur plusieurs centaines de mètres carrés. Quelques squelettes avaient été pieusement abrités sous des *agror* semblables à ceux réservés aux jeunes chevreaux, mais sans être recouverts. Des débris de ceintures et d'objets en cuir étaient encore visibles, ainsi que des douilles de balles. Car les corps des morts au combat ne reçoivent pas de sépultures puisque ce sont des martyrs *chouhadas* et qu'ils n'ont pu prononcer la *chahada* ou profession de foi musulmane (« il n'y a de Dieu que Dieu et Mohammed est son prophète »). Je fus saisi par l'actualité tragique de ce lieu, près duquel en bordure de la piste vers Tamanrasset, les Français avaient placé sur une paroi rocheuse un médaillon de bronze avec le portrait de Cottenest mort par la suite sur le front, durant la guerre de 1914-18. Quelques années plus tard, je constatais avec tristesse que ces lieux avaient été entièrement pillés et profanés par les nombreux visiteurs de passage qui se vantaient parfois d'une relique dérobée en surface ou sous les sables. Les derniers

Divination

Au temps où les caravanes partaient chercher du mil ou des dattes et couraient de grands risques et pillages, les femmes qui attendaient dans l'angoisse sans nouvelles de leurs maris, se livraient à des incantations divinatoires pour interroger les esprits.
Elles confectionnaient plusieurs boulettes composées de cendres, d'os, de cheveux et divers détritus. Elles s'éloignaient du campement à plusieurs heures de marche loin de tout bruit, de toute humanité et même de toute animalité, désert total où seuls règnent les génies. Deux femmes allaient ainsi à distance l'une de l'autre, et relevant leurs voiles pour découvrir leur postérieur, elles jetaient alors les boulettes, nourriture des génies, pour écouter parler les esprits.

restes humains de ces morts furent inhumés au cimetière des *Chouhadas* de Tamanrasset dans les années quatre-vingt.
Ces deux déplacements m'offraient de nouvelles promenades. Je découvris, guidé par les enfants, de magnifiques gravures rupestres et de nombreux tumulus de pierres et monuments cultuels de formes très variées.
Je n'étais pas encore sensibilisé à l'intérêt archéologique et historique de ces découvertes que seul Henri Lhote avait commencé à étudier. Bien plus tard, je fus amené, avec Jean-Pierre Maître, à remarquer l'intérêt d'un site à Amekni, que nous avait montré un berger que je connaissais bien, et dans lequel des os humains apparaissaient en surface du sol. Ce site fouillé plus tard en équipe sous la direction du professeur Gabriel Camps révéla des sépultures vieilles de quatre mille ans et donna lieu à la publication d'un livre « Amekni néolithique ancien de Hoggar » (1969).

Chez les Issendan

Le campement des Issendan déménage souvent en cette saison des années 52-53.
Les pâturages étaient si maigres qu'un troupeau de chèvres de cent à deux cents bêtes n'y pouvait subsister plus d'un mois ou deux au maximum.
Les déplacements d'une vallée à l'autre duraient deux à trois heures sur de courtes distances. Dès lors que le lieu du nouveau camp était choisi par les hommes, tout le monde était mobilisé le lendemain matin. Les ânes entravés la nuit avaient déjà pris de bonnes distances, les quelques dromadaires disponibles pareillement ; il fallait aller chercher tout ce bétail, attendre que le soleil soit haut pour traire les chèvres, préparer les trois verres de thé avec un petit déjeuner de galette ou de bouillie de mil, seule collation avant le repas du soir, pour réunir enfin tous les bagages : tentes et leurs piquets, matériels de cuisine, sacs de provisions, outres à eau et outres à lait, sacs de vêtements, bâts des animaux, selles de chameaux, etc.
À la mi-journée, quand les angoisses de bêtes égarées étaient calmées, que chacun avait retrouvé ses marques et assumé ses responsabilités et fonctions, le troupeau s'ébranlait lentement en direction du nouveau site. En file indienne, les ânes conduits par les femmes et les enfants, les dromadaires par les hommes, s'échelonnaient lentement en procession dans les défilés des gorges, les sentiers en montagne. Il n'était pas nécessaire d'avoir un guide en tête de la caravane pour désigner les itinéraires tant le terrain et ses sentiers étaient connus de tous. Car en toutes circonstances les Issendan revenaient presque toujours sur les emplacements de leurs anciens campements.

Ces espaces choisis en bordure des oueds, à l'abri des vents, portaient les traces des précédents habitats appelés *timihar* : blocs de pierres servant d'amarres aux tendeurs des vélums de tente, aires de repos des chèvres, abris à chevaux, matériel de broyage laissé en place (meules dormantes et leurs broyeurs). Alors que ces traces de campements anciens étaient néfastes aux étrangers, les « propriétaires en quelque sorte, de ces lieux » pouvaient y revenir sans danger. Les génies, gardiens de ces emplacements, leur restaient favorables. Les dieux chtoniens les protégeaient ainsi que tous les objets que pouvaient laisser provisoirement les nomades, soit accrochés aux parois des abris sous roche, soit arrimés au-dessus du sol au sommet d'un piquet (vélum de tente replié, piquets de bois, bouteilles à beurre vides, couvertures, etc.).

Chez les Issendan

Ayant terminé l'année scolaire en mai 1952 dans le campement de l'aménokal, le directeur d'école me demanda de prendre en charge, en octobre 1952, la classe nomade située dans l'Atakor (massif montagneux central de l'Ahaggar) dans une famille des Issendan appelée aussi Kel Isernan, clan de tributaires (Kel oulli) faisant partie des Adjouh-n-Tahlé. Cette classe, créée un an auparavant par le même instituteur auquel j'avais succédé chez l'aménokal, avait eu les mêmes problèmes : échecs scolaires, mauvaises relations avec les nomades, hostilité de ces derniers. Mais alors que chez l'aménokal, malgré l'austérité du campement, la vie quotidienne et la nourriture étaient plutôt satisfaisantes (c'était un campement « riche »), je découvrais chez les Issendan la pauvreté, la dureté de la vie des nomades dans les vallées glacées autour de 2 500 mètres d'altitude en montagne, et la sécheresse des pâturages. Les gens, comme les troupeaux, étaient à la limite de la survie. Un orage violent s'abattant sur un troupeau de chèvres non abritées, en faisait mourir facilement un tiers. Une épidémie de rougeole ou de coqueluche atteignant les enfants, ceux-ci mouraient en série. Cette année 1952 fut une année exceptionnellement pluvieuse et le froid en montagne fut particulièrement dur. Nous campions au pied du plateau de l'Assekrem sur les terrasses étroites bordant l'oued Taroumout qui, sorti de l'Atakor, change de nom et devient l'oued Tamanrasset. En cette année 1952-53 les crues de l'oued furent violentes et particulièrement spectaculaires ; chacun se félicitait des promesses de bons pâturages à venir, mais dans cette attente tout le monde grelottait de froid et de faim, particulièrement la nuit où le thermomètre marquait parfois – 8° et jusqu'à – 12° à l'Assekrem. J'avais comme abri une tente militaire de quatre mètres sur quatre à mat central (de style « marabout »), peu protectrice du froid et du chaud, traversée par les vents, un maigre matelas de coton et deux duvets très peu efficaces avec deux couvertures qui ne m'empêchaient pas de grelotter toutes les

Mais quelle surprise de voir s'acheminer un tel campement en déménagement ! Les objets mal arrimés ne cessaient de tomber, les charges sur les ânes basculaient parfois après avoir cogné une paroi. J'étais stupéfait devant tant de négligence et du peu de rigueur des hommes en particulier. Les femmes, toujours vigilantes et très actives, avaient plus d'énergie pour sauvegarder leurs ustensiles de cuisine, leurs marmites de terre et les outres d'eau. Les gamins couraient ramasser les objets perdus, les chiens faméliques suivaient résignés. Les combats ancestraux de ces nomades encore fiers de leur renommée étaient bien loin.

Chez les Issendan la vie du campement est d'une atonie qui confine à la neurasthénie. Cette inertie détruit lentement ces nomades en survie. J'ai des sursauts de révolte physique ; fuir, marcher, crier dans le vent, courir sur les pierres pour ne pas me laisser mourir.
Le vent coule en grondant sur les roches comme une marée en furie. Sa rumeur est exactement la même que celle d'une mer orageuse. Cet après-midi battement zéro dans la tribu. Je suis alors venu me réfugier sur une arête rocheuse en plein vent, mais ensoleillée de pâles rayons d'hiver.
J'ai fui cette inertie totale, cette vie arrêtée si pesante, si oppressante. Je lui préfère la solitude sauvage, pourtant si dure.
La nuit, la nuit longue est tenace quand on est seul à seul avec son cœur.
La beauté du ciel étoilé n'y fait rien, la lune toujours là, obsédante, m'ennuie et quelques faux nuages voguent comme de mauvais souvenirs. Des réveils douloureux, des désirs lancinants, des visions, des rêves bleus par-dessus le noir de la réalité.
Et puis demain, tout cela passera. On était idiot ce jour-là d'écouter sa douleur, stupide d'y croire et de s'en plaindre, que tout cela n'a pas existé, que ce n'était qu'imaginaire.

nuits. Les enfants qui venaient à l'école n'avaient qu'une tunique de coton indigo, très légère à même la peau et se partageaient la nuit une couverture en piqué (la *danfassa*), faite de vieux morceaux de tissus matelassés les uns sur les autres, en se blottissant auprès d'un petit feu de bois.

Un matin, les enfants qui devaient écrire à l'encre violette sur leurs cahiers aux pages quadrillées, vinrent me dire :
« Monsieur, on ne peut pas écrire, nos encriers sont secs !
— Allez donc chercher la bouteille d'encre et remplissez vos encriers. »
Je m'aperçus alors que la bouteille était gelée comme nos outres d'eau, et qu'on ne pouvait pas préparer le thé du matin. Il fallait chauffer les outres au-dessus du foyer pour avoir un peu d'eau, tout comme la bouteille d'encre. Jusqu'à 9-10 heures du matin, alors que le soleil commençait à nous réchauffer un peu, nous étions immobilisés comme les chèvres bêlantes de faim, mais qui attendaient les calories du soleil pour retrouver leur locomotion. Heureusement que ce grand froid ne dura qu'entre novembre 1952 et janvier 1953.

J'avais vite compris pourquoi ce campement avait été choisi par le directeur des classes nomades. Il se situait toujours dans des vallées très proches de la piste qui conduisait à l'Assekrem (lieu privilégié des touristes qui venaient visiter l'ermitage du Père de Foucauld et apprécier le magnifique panorama de l'Atakor du haut de ce point de vue). Le directeur emmenait souvent des touristes qu'il transportait gratuitement pour leur faire visiter l'Assekrem, en faisant un crochet vers la classe nomade. Les touristes étaient épatés d'apprendre qu'un instituteur vivait dans ce paysage dantesque, en plein dénuement. C'était un plus inattendu dans le folklore local que s'ingéniait à entretenir ce directeur qui passait le plus clair de son temps à ce genre de promenade. C'est la raison pour laquelle les mauvaises langues de Tamanrasset appelaient ces classes nomades « le cirque B. ». Je subissais

Du haut de la *Takokayt*, un matin d'hiver

La montée est pénible ; chaque pierre branlante est un piège. Mais quelle vision royale au sommet ! Tout le pays est là sous mes yeux. Quelle puissance !… Quelle bénédiction du ciel ! Une caravane au loin s'étire lentement, chenille blanche dans le bistre foncé des rochers. Un troupeau de chèvres noires s'égaye tout d'un coup ; ici se trouve un campement et puis d'autres plus loin. Je vois même un berger vêtu de bleu et de blanc, d'autres troupeaux dans de maigres pâturages.

Que peuvent bien laisser pousser ces arides volcans ?

Et puis le vent, le vent, rien que le vent, multiple, varié, tel un langage des profondeurs : celui grave et sonore, celui des parois qui le râpent, le fait vibrer, celui de la cime qui éclate aux oreilles et la rumeur lointaine qui tourbillonne dans l'espace.

Enfin le soleil ! qui monte derrière l'échancrure montagneuse, qui monte, monte dans un ciel si pur, si bleu qu'on en reste béat.

Le soleil et sa chaleur consolatrice du froid mordant de la nuit. Le soleil « Dieu d'amour qui comble les humains de son énergie constante, généreuse, universelle. Ici, Dieu, c'est le soleil ! ».

quant à moi les touristes, leurs enquêtes orales, leurs photos et leur présence importune, sous prétexte de recevoir mon courrier et quelque ravitaillement bien modeste. Les enfants nomades que l'école soustrayait à leurs tâches quotidiennes (gardiennage des troupeaux, recherche de bois et d'eau, barattage du lait, pilage du mil ou broyage de blé, etc.) devaient recevoir en principe collectivement vingt kilos de blé par mois, remplaçant les repas de la cantine scolaire dont bénéficiaient les enfants de Tamanrasset. Mais ce petit apport nourricier n'eut lieu que deux ou trois fois sous prétexte que la cantine scolaire ne pouvait nourrir tout le monde. D'autres problèmes se posaient encore dans ce campement. J'avais un observateur permanent durant mon travail scolaire, en la personne d'Acocomaz (le « pigeon » en tamâhaq) qui se plantait toute la journée à mes côtés, le regard inquisiteur, toujours lourd de suspicion, mais qui tenait cependant à voir éduquer un jeune garçon, fils de son unique esclave et qu'il considérait comme son fils, car il n'avait pas de progéniture, mais il se voulait vigilant sur les séductions du mieux-être que je pouvais apporter aux enfants :
« Tu leur apprends à parler et à écrire, mais quant à manger chez toi, non !
— Tu as donc peur que je les empoisonne ?
— Venir manger chez toi sera leur poison. Tu vois là-bas ce garçon qui pile le mil, c'est mon fils. Si tu lui apprends à venir chez toi pour y manger, il voudra aussi y coucher et sera plus heureux chez toi que chez nous. Et quand tu partiras, il voudra lui aussi aller à Tamanrasset. Il doit rester ici et piler le mil. Qu'il apprenne à parler français, c'est suffisant ! »

Les jeunes enfants de ce campement (une dizaine environ) étaient attentifs, respectueux et dociles. N'ayant aucune supériorité de classe, leur modestie et leur curiosité me permettaient d'aller vite dans l'apprentissage de la langue française, l'écriture et le calcul. Mon expérience précédente avait enrichi mes techniques pédagogiques, mais j'avais eu

Chez les Issendan (1952)

Les enfants parlent français au milieu du camp par jeu et très fiers de leur savoir. Le plus petit d'entre eux clame comme un petit général « Ce n'est pas vrai ! Ce n'est pas vrai ! » avec des bribes de conversation de notre dernière leçon de langage et des événements de notre vie scolaire. Il regarde les grands d'un air supérieur en leur disant : « Je te donne un coup de poing ! » Ce à quoi les autres ne savent que répondre quand ils ne comprennent pas cette menace. Et l'autre triomphant se précipite sur eux les poings en avant (c'est un bouchon de quatre ans).
Ces éclats de voix enfantines, ces petites scènes déclamatoires dans ce monde d'enfants me sont une douce récompense. Leur vitalité, leur entrain sont pour moi la meilleure des joies à la fin d'une journée qui ne m'épargne ni maux de tête, ni fatigue physique, ni perte d'appétit dans la monotonie mortelle du camp.

Le petit L'mouden, quatre ans, qui venait avec la carte du nouvel an que m'a envoyée un ami et que je lui ai offerte à cause de la belle image, me lance : « Awa ma imus ? » Ça, qu'est-ce que c'est ?
– Georges » (la signature de l'envoyeur).
Le voilà reparti en courant, répétant : Georges ! Georges ! Georges ! apprenant ce nom par cœur avec une bonne prononciation, le clamant à tous les gamins surpris et admiratifs, comme s'il avait découvert tout seul ce nom.

Est-ce ce pays qui est difficile à vivre en montagne ou ma santé qui accuse des déficiences périodiques ?
J'ai souvent des maux de tête, des pertes d'appétit, des brûlures d'estomac. Quand ce ne sont pas des accès de fièvre. Dans ces moments-là je ne peux ni lire, ni penser, ni parler, ni produire d'activité quelconque. Mon seul remède : rester allongé la tête en bas, laisser le temps s'écouler, jouir du soleil déclinant à l'horizon et me réveiller dans ses derniers rayons...
Aller crier dans le vent en chantant, recréer mon énergie ! Comme les bergers du Tyrol qui lancent leurs roucoulades, les « yods » à longueur du jour pour épanouir leur joie.

par ailleurs l'audace d'aller au siège de l'Unesco à Paris durant les vacances scolaires, d'y présenter un rapport illustré sur l'école nomade, lequel avait été bien reçu. Après une campagne publicitaire auprès des écoles de France, je reçus donc des bons de l'Unesco offerts par les écoles sensibilisées par notre demande, qui me permirent d'acheter les outils et matériels dont j'avais besoin pour pratiquer les techniques Freinet avec efficacité. J'avais sollicité un budget de trente mille francs de l'époque pour acquérir un limographe (appareil à stencil), une imprimerie manuelle afin d'éditer un journal scolaire, des gouaches, du papier, etc., toutes choses que l'école ne pouvait m'offrir faute de quelque effort d'entreprise et d'imagination. Non seulement cette campagne fut une belle réussite qui rapporta plus de quatre cent mille francs, mais j'y gagnais un réseau de correspondants sur toute la France. Je pus aussi permettre les mêmes achats à mes collègues instituteurs nomades et sédentaires de Tamanrasset qui pratiquaient de même les techniques Freinet. Alléché par ce pactole, le directeur commença à prendre mon initiative au sérieux et put engager l'achat de plusieurs machines combinées (raboteuse, dégauchisseuse, scie, etc.) qui permirent la création d'une classe de menuiserie reconnue ensuite par l'inspection académique, car cette création n'avait en rien entamé ses crédits. Et la gloire de cette dynamique revenait au directeur d'école ! L'un de mes collègues féru de menuiserie prit en charge cette classe technique qui permit ainsi de construire des meubles pour l'école et l'appartement du directeur. Pour gérer administrativement mes budgets, je créais une coopérative scolaire dont les enfants étaient les principaux animateurs et gestionnaires. L'édition de cartes postales sur les plus beaux paysages du pays et achetées par les touristes fut un complément financier important à une époque où celles-ci n'existaient pas dans le commerce.

Donc, avec ces nouveaux moyens, les enfants dessinaient des petites scènes reportées sur un stencil, illustré de textes de

La vie dans les montagnes de l'Atakor offre aux voyageurs étrangers des spectacles exceptionnels de beauté, constamment renouvelés. Il n'est pas étonnant que les habitants du pays aient humanisé ces monts et vallées en créant des légendes comme celle d'Aniguram, de l'Ilaman et du Tahat. Chaque relief montagneux qu'il soit modeste ou grandiose porte un nom, chaque ravin, vallée, terrasse d'oued ou espace de campement est désigné par ses caractéristiques géographiques, géologiques ou son histoire. Le vocabulaire des termes géographiques est très riche et abondant en langue touarègue (la tamâhaq dans le Hoggar). Seuls les bergers du terroir le connaissent parfaitement. Cependant, ils ignorent souvent la toponymie des territoires voisins, faute d'avoir fréquenté ces lieux auxquels ils n'ont pu avoir accès avec leurs troupeaux. Ces déserts de roches brûlées, ces monts figés sont donc porteurs d'une vie intense dont le visiteur étranger ne peut avoir aucune idée. Seule l'esthétique des lieux et des paysages peut l'émouvoir, détachée de la vie et de la mémoire locale. Cette mémoire a bien failli disparaître avec le nomadisme moribond que nous avons connu en ces lieux, durant les années cinquante. Paradoxalement c'est à la demande des touristes occidentaux, conduits aujourd'hui par ceux qui vécurent pauvrement en ces lieux, que cette mémoire se ravive et structure l'histoire et l'identité de ce pays. Car la transmission orale et la pratique ancestrale de cette vie ne s'effectuent plus de la même façon.

Changement de camp

Le plus beau spectacle que j'ai pu voir aujourd'hui, après celui des femmes et des ânes chargés de bagages traversant le col à la fin du jour, c'est celui du clignotement incertain mais persistant des feux s'allumant dans chaque famille au crépuscule.
Perché sur le haut d'un sommet, j'aperçois la grande gorge de l'oued qui serpente entre les monts rouges. Le troupeau de chèvres s'essaime autour des tentes dont seuls les piquets sont à peine plantés pour soutenir les nattes-paravents. Les plaintes vibrantes des chèvres et des chevreaux annoncent cette vie du soir qui éclate soudain autour des fleurs des foyers. Chaque petit feu semble battre des ailes.

leur cru et, au bout de quelques pages d'histoires vécues au quotidien, ceux-ci devenaient, grâce à un appareil spécialement conçu par Célestin Freinet (le limographe), notre petit journal à la fois livre de lecture (appelé « Livre de vie » par Freinet), exercice de langage et d'orthographe. Mais tout ceci était précédé d'exercices au tableau noir (ensemble de quatre panneaux qui s'emboîtaient), d'écriture au brouillon, puis sur leur cahier individuel. Le même type de démarche pédagogique était pratiquée pour le calcul que les enfants assimilaient très vite et grâce à des fichiers autocorrectifs créés par la coopérative de l'École Moderne (CEL de Freinet). Cependant, Acocomaz ne relâchait pas sa surveillance et se voulait agressif : « Toi tu es Français, tu es là, c'est la paix. Mais si demain c'est la guerre, et que nous prenions le commandement, je t'attrape, je t'égorge comme ça ! » disait-il froidement en passant la tranche de sa main sous sa gorge. Je savais donc à quoi m'en tenir. Mais le sort en décida tout autrement. Acocomaz était sous-alimenté comme la plupart des gens du campement, n'avait guère de revenus mis à part quelques chèvres et quatre dromadaires qu'il lui arrivait de louer quelquefois. En mauvais état physique, il tomba une nuit (alors qu'il sortait probablement pour uriner) se blessant sérieusement aux deux bras sur les blocs de basalte coupants autour du campement. Il vint se faire soigner le lendemain, je le désinfectais à l'eau bouillie et au permanganate, puis au Mer curochrome. Mais les jours passant, ces plaies s'envenimèrent, accompagnées d'un œdème d'où sortait un liquide jaunâtre. Je reçus quelques jours plus tard un groupe de touristes parisiens parmi lesquels se trouvait un médecin. Lui demandant son avis sur la façon de soigner Acocomaz, il s'exclame stupéfait : « Mais votre malade est affecté d'une gangrène bulleuse ! Seul un traitement énergique à la pénicilline peut le sauver. Avez-vous des ampoules de pénicilline ? » Par chance j'en avais trois, et le médecin en administra immédiatement une, me recommandant d'en faire une par jour pendant huit jours, faute de quoi le malade succomberait très vite à l'infection. Le médecin parti, je demandais à voir les

La règle de vie qui prédomine chez les nomades c'est la communauté de jouissance des biens existants. Qu'un homme dispose d'un peu de thé, il ne pourra le boire seul, même s'il souhaite l'épargner ; la présence d'autrui lui imposera le partage. Dans un habitat ouvert à tout vent, le moindre geste, le moindre bruit (celui particulièrement perceptible du sucre en pain que l'on casse avec le cul d'un verre), une petite odeur sympathique que le vent vous apporte, alerteront les humains parfois à distance. En plein désert, l'arrivée impromptue de visiteurs au moment de la cérémonie du thé ou de l'heure du repas, reste toujours inexpliquée pour les voyageurs qui se croient isolés.
Si un nomade a des troupeaux et du lait et que son parent proche ou son voisin n'en a pas, il lui offrira quotidiennement un pot de lait sans jamais réclamer son dû. Si un homme, pour une raison quelconque, immole une bête pour la consommer, tout le monde pourra goûter de cette viande soit dans un repas collectif, soit en offrande individuelle. Sauf si le propriétaire de l'animal (chameau ou bœuf) tue cette bête pour en sécher la viande afin de la vendre ensuite, car lui-même n'en consommera peut-être pas.
Dans cette vie sous le regard de tous, la présence constante d'autrui impose obligatoirement le partage. Car l'un des plus noirs péchés est de cacher des biens pour en jouir secrètement seul, surtout s'il s'agit de ces agréments les plus tentateurs comme le thé ou le tabac.

Cependant la pire des situations est celle du refus. Le proverbe touareg ne dit-il pas : « youf oufour akoufer ! » « Mieux vaut cacher (un bien) que de le refuser ».

hommes du campement pour leur faire part de mon désir d'envoyer un messager rapide à l'hôpital de Tamanrasset afin de ramener les cinq ou six piqûres qui me manquaient. Nous étions à environ soixante-dix kilomètres de la ville. À ma grande surprise tous les hommes se récusèrent : chacun avait ses occupations, il n'y avait pas de monture disponible, etc. J'étais à la fois furieux, désappointé, dépité par l'indifférence de ces hommes peu enclins à sauver l'un des leurs. J'entrais dans une violente colère, car je me sentais moralement responsable de ce malade et je n'acceptais pas l'inertie de mes interlocuteurs. Après quelques heures de palabres, le beau-frère d'Acocomaz apparut en me disant : « Je suis prêt à partir, donne-moi une lettre pour le médecin de Tam. » Ce que je fis sur-le-champ en exigeant le retour immédiat du messager dans les vingt-quatre heures. Ainsi fut fait, malgré les réflexions ironiques du médecin auquel j'avais décrit ma situation. Au bout de quinze jours de soins, Acocomaz était guéri et sans m'avoir jamais remercié (le remerciement n'était pas de coutume), il me fut très reconnaissant et cessa de m'importuner. Mais cette expérience me fut riche d'enseignements.

Je m'aperçus après coup que l'indifférence du campement à l'égard du malade était à la mesure du peu d'estime que lui portait sa parentèle. Ce personnage gênant avait quelques anecdotes scabreuses à son actif, et peut-être aussi quelques meurtres et dont au moins un, dont il se vantait : un rival qu'il avait éliminé par le poison en utilisant une plante vénéneuse du pays le *taïborou* (*Caralluma Venenosa*). Il arriva un jour affamé au campement de ses cousines croisées (et avec lesquelles les Touaregs ont des rapports à plaisanterie). Deux d'entre elles étaient en train de partager un modeste plat de bouillie de mil qui ne pouvait suffire à trois personnes. Que fit alors notre homme ? Dégrafant le cordon coulissant de son sarrouel, il posa sa verge sur le rebord du plat le rendant ainsi impur et inconsommable. Devant ce spectacle horrible, les filles s'enfuirent en hurlant au scandale et Acocomaz avala tranquillement leur repas.

Le Génie de la grotte des nez

À propos des *timihar,* emplacement d'anciens campements, les Issendan racontent l'histoire suivante. Sur la face sud de la montagne nommée In-Lalen dans la vallée de l'oued Taroumout, se situe un abri sous roche appelé *Ekaham nejafendjar* (la grotte des nez). Un jour un homme qui s'était éloigné de son campement fut pris par un orage et alla s'abriter dans cette grotte la nuit venue. Il tâtait le sol autour de lui et ne trouvait sous sa main que des nez :
« Comment se fait-il que tout ce que je touche soit des nez ?
– Que cherches-tu dans les *timihar* ? lui répondit le génie - c'est pour cela que tu ne trouves que des nez.
– Je ne cherche rien dans les *timihar*, répondit l'homme, car j'ai un poignard à deux tranchants qui coupe entre le nez et la lèvre.
Sur ces paroles, le génie vaincu s'enfuit.

Je n'ai pas mesuré au début de mon séjour, avec suffisamment de compréhension, combien la faim était dans ce campement l'obsession de tous les jours, une faim profonde, endémique, qui ne pouvait se calmer par quelques repas copieux. Les enfants parlaient constamment de viande, de graisse. L'un disait : « M'sieur, moi j'aime l'œil. » « Pourquoi ? » « Parce que l'œil a de la graisse ! » Quand l'on voyait un mouton ou une chèvre, les mains couraient sur l'échine pour tâter les filets. Leur épaisseur indiquait la bonne santé de l'animal et les réserves de graisse qu'il pouvait avoir. L'on disait alors : « Cette bête aura de bons melfoufs » ! Car les melfoufs, hors-d'œuvre de choix précédant les repas de viande, étaient de gros morceaux de foie, enveloppés de la voilette (péritoine de graisse) et rôtis à la broche. Chacun en dégustait un avec gourmandise ; les plus honorés étaient servis les premiers, et souvent il n'y en avait pas pour tout le monde. Il m'arriva d'aller un jour à la chasse au mouflon avec les hommes du campement au cœur même du massif de l'Akarakar, véritable citadelle granitique où les mouflons pouvaient trouver refuge et quelque nourriture. Après bien des escalades acrobatiques et parfois dangereuses, nous avons repéré un animal accroché sur une pente. L'un de nos compagnons avait un vieux fusil Stati d'origine italienne, et atteint l'animal d'un seule balle (les Touaregs sont en général de très bons tireurs). L'on se précipita pour égorger la bête encore vivante (afin que sa viande soit licite) en vidant promptement la panse et les boyaux que les hommes présents avalèrent tout chauds après les avoir vidés sommairement en attendant de griller le reste des viscères sur un feu de braise. Cet appoint sauvage fut suivi d'un thé fort et bien sucré que j'avais pris soin d'offrir ; même les feuilles de thé ayant rendu leur liqueur furent dévorées avec autant d'avidité, tant ces hommes étaient torturés par la faim comme leurs enfants.

Durant cette période très difficile pour les pasteurs montagnards du Hoggar, leur seule et véritable échappatoire au

Chez les Issendan

Même le chien nomade, maigre, efflanqué, ce bâtard de sloughi, me dénonce comme étranger à la tribu ; le moindre de mes pas est signalé par un aboiement rageur. Rien ne saurait le faire taire.

Là-bas dans la lumière qui pétille, sur les pierres rouges et brûlantes des monts noirs de feu le jour, violacés de froid la nuit, dans ce lointain, au fond des vallées, agrippés au flanc des rochers, fondus, perdus dans les teintes fauves et bleues, des gens vivent calmement, pilant leur mil deux fois par jour et buvant le lait de leurs troupeaux.

Pays impénétrable que nous avons violé ; pays âpre, dur et pauvre et qui l'est resté ; pays de légendes, d'énigmes et de contes qui se perdent désormais comme un filet d'eau claire dans le sable aride.
Entre deux avions les touristes peuvent désormais venir voir ces rebelles asservis, découvrir d'un seul et rapide coup d'œil leur pays et s'en repartir ragaillardis, rafraîchis, confortés dans l'orgueil de leur civilisation avec un peu de pitié et d'ironie pour tant de gloire réduite à si peu de chose.

Atakor, 1953.

Le feu, ce petit Dieu

Le feu est ma source d'inspiration, d'équilibre avec le silence.
Quand sa chaleur m'envahit tout le corps par le bout des doigts, comme une onde bénéfique, ma poitrine se gonfle d'aise et m'apporte la détente, la paix, la sérénité.
La poésie du feu constamment renouvelée à chaque heure, multiple, variée, nous ensorcelle comme une amie qui vous parle doucement avec le papillonnement des flammes, l'odeur de la fumée et du bois. Les mots restent faibles, l'inexprimable n'a pas besoin de mots.

cercle de la faim était les voyages caravaniers au Soudan (c'est-à-dire Niger, Mali, Nigeria). Mais il fallait disposer de plusieurs dromadaires en bonne santé (et qui ne feraient pas défaut à la vie du campement) et d'esclaves ou de jeunes gens vigoureux sous la direction d'un guide expérimenté. Les caravaniers partaient en juillet-août extraire des barres de sel de l'Amadror, laissaient reposer un peu leurs chameaux avant de repartir en septembre-octobre et après la mousson tropicale en direction du Damergou, riche région nigérienne principale productrice de mil. Après mille à mille deux cents kilomètres de parcours, les barres de sel s'échangeaient contre des sacs de mil et l'on repartait au plus vite vers le nord du Niger dans une zone riche en pâturage qui était le Tamesna. Là, les Kel Ahaggar retrouvaient leurs contribules (correspondants et correspondantes) qui les accueillaient avec des fêtes, des réunions galantes et parfois aussi avec quelques agapes de viande, de lait, de bouillies de mil lors des mariages. Les chameaux se reposaient en refaisant leur bosse. C'était pour eux l'époque de la cure salée pratiquée par les troupeaux camelins du Niger.
Mais cette grande aventure du « voyage au Soudan » qui consacrait la vie d'adulte des jeunes gens sortant de l'Ahaggar pour la première fois, avait parfois des revers tragiques. Beaucoup revenaient atteints de paludisme, de fièvre jaune ou autres maladies (comme la variole, la blennorragie ou la syphilis) que les nomades avaient la fâcheuse habitude d'attribuer aux « mauvais génies ».

J'ai vu quelques années plus tard le fils aîné de l'*amrar* des Issendan mourir lentement de paludisme à l'Adériane à cinq kilomètres de Tamanrasset. Son père venait presque tous les jours à l'hôpital de la ville quémander des cachets d'aspirine et des remèdes pour soulager ses dyspepsies et engorgements de bile. Il payait des amulettes aux « marabouts » mandés pour chasser les *jnouns,* et attendait que Dieu décidât du sort de ce beau jeune homme de vingt ans qui mourut ainsi, au bout de quelques mois, vaincu par la fièvre. J'ai dû partir

Paix du soir

Le ciel est noir, bas, du levant au couchant ; à peine quelques échappées de la lumière mourante du crépuscule percent encore la ouate épaisse des nuages gris ; un vent tiède commence à lever quelques grains de sable. Atmosphère d'orage comme un prélude à un grand événement. Sur une dune, enveloppé de mon burnous brun, j'aspire cet air que je suis venu chercher à quelques centaines de mètres de ma tente. J'ai trouvé ce soir une épaule amie pour me reposer.
C'est la pente douce et tiède de la dune qui croule sous mon poids, et m'offre un creux idéal pour savourer les derniers rayons du soleil.

Chaque jour, au crépuscule du soir, je ne peux résister à ce besoin de fuir vers l'extérieur de mon habitat pour assister au coucher du soleil, me régénérer dans un lieu neuf, éliminer ma fatigue de la journée, celle de mes tâches quotidiennes, du harcèlement de mes visiteurs et quémandeurs. Ceci est ma thérapie.
J'aime cette vie, et je sais que je n'en puis trouver de plus agréable pour le moment. Je pense la quitter cependant avec un serrement de cœur. Je ne sais jusqu'à quel point cette vie nomade m'envoûtera. Elle m'aura enseigné tant de secrets, de connaissances, de libertés que rien ni personne ne pourra me ravir. C'est une grande joie !

rapidement bien avant ce triste dénouement et je regrette de n'avoir pu prendre le cas de ce garçon sous ma responsabilité avec l'aide des médecins.

Les Occidentaux ont l'habitude d'appeler cela du fatalisme, mais rien n'est fatal dans de tels cas ; c'est un système de croyances et de pensées différent du nôtre avec la connaissance en moins, très difficile à dépasser.

Durant cette année 1952 l'administration militaire de Tamanrasset avait installé un brigadier de la compagnie méhariste et un goumier au milieu des tribus nomades du Tamesna parmi les ressortissants Kel Ahaggar. Le rôle de ces militaires était de recenser et de contrôler ces populations qui échappaient à la tutelle du commandement d'Agadès, afin d'éviter d'éventuels litiges avec les autres nomades du Niger. L'idée d'y créer une classe nomade fit son chemin et le directeur me demanda de me préparer à cette nouvelle aventure.
Je sollicitais alors d'aller visiter cette région préalablement à mon arrivée en octobre 1953, pour juger de la situation et des conditions de vie. Je quittais provisoirement les Issendan et partis en stop avec un convoi d'une quinzaine de camions et Jeep qu'un jeune aventurier français allait vendre au Niger. Ces véhicules réformés par l'armée française étaient vendus à bas prix, révisés par l'acheteur et revendus avec une bonne plus-value sur les marchés africains qui en avaient grandement besoin. La plupart des conducteurs de ces camions avaient été recrutés sur le port d'Alger, traversaient le Sahara pour la première fois de leur vie et en éprouvaient une espèce de peur panique. Ils s'ensablaient souvent, surchauffaient inutilement les puissants moteurs des GMC, Dodge 4x4 ou camions Citroën, en sorte que l'on mit quatre jours pour arriver à In-Guezzam à quatre cents kilomètres au sud de Tam. Le responsable du convoi n'en était pas à son premier essai et avait l'habitude d'utiliser des troncs de pins placés sous les roues jumelées des véhicules à désensabler. Cette technique économique avait le défaut de déchiqueter souvent le bois et

En chaque fin de journée après le travail scolaire, les enfants partaient reprendre leurs occupations : broyer à la meule ou piler du grain au mortier de bois, rechercher du bois, emplir les outres d'eau ou garder les jeunes chevreaux autour du camp. Quant à moi, j'avais hâte de partir à l'horizon me percher sur une crête pour admirer le coucher du soleil. En certains lieux, je courais de lignes de crête en promontoires pour pouvoir jouir deux ou trois fois du merveilleux spectacle de l'astre solaire disparaissant derrière les murailles de pierres. Les ombres s'allongeaient démesurément en longs traits qui gagnaient rapidement tout l'espace. C'est alors que la vie du campement s'accélérait autour du troupeau de chèvres qui revenaient à grands bruits et que les battements des pilons de bois rythmaient l'atmosphère pour préparer la bouillie du soir.

Aujourd'hui mon travail d'éducateur s'est bien déroulé. Les enfants ont bien travaillé. J'ai reçu des visiteurs et il ne me reste plus qu'à savourer le superbe panorama qui m'est offert. Je reconnais les massifs un à un : l'*Akarakar*, citadelle lourde, barbare et orgueilleuse. L'*Issekram* sa mauvaise imitation, le pain de sucre de l'*Iheren* (le pilon) avec son compagnon le *Tindé* (le mortier), le *Tinhamour* obliquant vers Tamanrasset, l'*Adériane* défigurée, car d'ici elle n'est plus ce mur échancré qui campe le paysage de Tamanrasset.
La lune là-haut, déjà brillante dans la demi-clarté du Maghreb, livre son visage étonné devant un aussi grand spectacle. Et puis le vent, ni chaud, ni froid ; l'espace, ah ! l'espace écrasant de beauté !

Ah ! l'émotion qui étreint l'âme le soir, seul dans le silence inviolé de la nuit !
Un bruit de pas tout à coup ? – oui, c'est le rythme sourd de pas sur le sol.
– Mais non ! Misérable ! Ce sont les battements sonores de ton cœur qui résonnent sur le sable de ta couche !

n'était pas toujours efficace. Elle fut plus tard remplacée par l'usage de tôles d'acier rigides, ajourées, amenées en Europe par l'armée américaine pour consolider les aires d'atterrissage de leurs avions sur des terrains meubles, sans devoir procéder à de longs travaux de compactage avec des enrobés de bitume. Je quittais enfin ce convoi aventureux à In Abangharit, point de ralliement des Kel Ahaggar, pour retrouver le brigadier-chef Gaston Touron et faire une tournée rapide auprès des *amrar-s* locaux. C'était Kelli, Kel Rela représentant l'aménokal du Hoggar, Abatakal son adjoint, Laârmech *amrar* des Irreguenatènes, Doukka celui des Ibotenaten, et d'autres Isseqqamarènes, Mrabtines, *chorfa* et *tolba* qui vivaient parmi eux.

Aucune tribu nigérienne n'était présente sur les lieux. L'ambiance était euphorique car les pâturages de *jirjir* ou *aluwat* en tamâhaq (chou sauvage : *Schouvia purpurea*) étaient très abondants et permettaient une production de lait qui dépassait parfois les besoins de la population. La vie était donc très dynamique, les réjouissances nocturnes (*tindé, ilougane,* danses) quotidiennes réunissaient une foule de jeunes gens qui galopaient allégrement sur leurs chameaux autrement mieux nourris que ceux du Hoggar. Gaston Touron me donna de précieuses informations sur les problèmes relationnels qui m'attendaient et la mentalité de ces populations qui vivaient très heureuses et librement.

Il leur fallait cependant payer l'impôt à l'État français, calculé sur le nombre de personnes par famille et sur les troupeaux. J'eus la surprise l'année suivante d'assister à la visite de l'aménokal Bey Ag Akhamouk, accompagné du capitaine de Tamanrasset et de quelques officiers et sous-officiers. C'est l'aménokal qui récoltait les impôts en espèces, selon les décomptes de l'administration militaire et transmettait ces sommes d'argent au capitaine. Il avait probablement un pourcentage légal sur ces revenus comme les percepteurs en France. Mais je n'en ai pu connaître le montant exact.

Électricité

La sécheresse de l'air, et l'électricité statique développent chez les humains au Sahara des réactions nerveuses excessives, à la limite du pathologique. Un cri brutal dans une atmosphère calme, un geste brusque déclenchent souvent chez les êtres les plus sensibles de violentes réactions de panique ou d'agressivité. Un homme interpellé brutalement sursaute dans une attitude de défense, peut jeter du sable ou une pierre sur l'interpellateur ou le frapper de son bâton, de sa cravache, sans pouvoir maîtriser son geste. Un homme endormi dont on touche le corps se relève brusquement cherchant une arme comme si l'on avait porté atteinte à sa vie et dans un état de petite folie. J'ai vu des jeunes gens épuisés de fatigue après une nuit d'abreuvement de chamelles, s'endormir près du puits d'où ils avaient tiré de l'eau à la puisette et rester là, malgré le soleil devenu brûlant et dangereux. Leurs compagnons se défendaient de les toucher pour les réveiller et les appelaient par leur nom sans élever la voix durant des heures. Une femme violemment contrariée par son mari ou sa famille peut partir seule, affolée dans les monts rocheux et s'égarer sous l'effet de cette vive contrariété. Les gens disent qu'elle a les *jnoun-s* (mauvais génies) qui se sont emparé de son esprit. L'on procède alors a des chants et des séances musicales scandant le nom du Prophète musulman avec des formules religieuses. Les charges électriques de l'air sont telles qu'une couverture de laine émet des éclairs lumineux quand on la remue. Les particules de sucre en poudre viennent parfois s'agglutiner sur les mains, telle de la limaille de fer sur un aimant. Un ami paléontologue ne pouvait serrer la main à ceux qu'il saluait tant ceux-ci étaient frappés de décharges électriques douloureuses dont il était porteur. Un couple d'amoureux voulant s'embrasser à Tamanrasset vit un éclair jaillir à la pointe de leurs nez.

Toutes ces charges électriques, apparemment bénignes, n'en demeurent pas moins des sources de fatigue, de douleurs, de maux de tête permanents parfois épuisants. Une thérapie de douches froides peut être efficace, encore faut-il pouvoir être en mesure de s'offrir un tel confort.

Après ce petit voyage exploratoire de quelques jours, je revins à Tamanrasset par une autre occasion de véhicule que j'indemnisais personnellement. Et je repris l'école chez les Issendan. Nous avons réalisé plusieurs numéros de notre petit journal dont nous étions très fiers. Les élèves savaient déjà bien compter et commençaient à lire et à parler.

Au début du mois de février les nuits devinrent plus clémentes, c'était le début du printemps saharien. Une ondée de grâce permit une nouvelle croissance aux maigres pousses entre les pierres. Les monts arides et noirs reverdirent, une nouvelle sève montait du sol. Des oiseaux qui s'étaient tus tout l'hiver jusqu'à nous faire croire qu'ils n'existaient plus, gazouillèrent de tous côtés. Les femmes étaient plus vives, plus coquettes ; le désir de vivre s'exprimait partout avec une force nouvelle. La vie repartait de plus belle. C'était le printemps ! Et l'on vit l'Atakor tout entier se couvrir des fleurs roses du *tamadjé* (*Moricandia Arvensis*), véritable miracle botanique qui n'arrivait qu'une fois tous les trente ou cinquante ans après plusieurs périodes de pluies favorables. Mais cette abondance avait un revers : le risque de météorisation des animaux trop gourmands quand ces plantes étaient humides. J'ai quitté les Issendan fin avril 1953 avec quelque nostalgie mais sans regret, assez satisfait de mes résultats pédagogiques. Un collègue nouvellement arrivé devait reprendre cette classe après les vacances d'été et conforter les acquis des enfants de ce campement. Devenus adultes, ceux-ci purent s'intégrer facilement après l'indépendance de l'Algérie. Le meilleur d'entre eux devint l'un des guides touristiques le plus apprécié du Hoggar.

Le régime scolaire de la partie méridionale du saharien algérien qu'on appelait le « Grand Sud », et qui faisait partie des « Territoires des oasis » sous le commandement militaire de Ouargla, était très différent des autres parties de l'Algérie. L'année scolaire comportait sept mois continus sans les vacances ordinairement dévolues aux écoles, et cinq mois de

L'hiver, un dimanche après-midi, jour de repos

Devant moi le quotidien pétillement des pierres au soleil, de vastes plis monotones et stériles. Rien, rien, pas âme qui vive.
Je suis venu chercher la solitude et suis durement servi.
Pas une âme, pas un animal, à peine le bruit léger du vent froid.
Le soleil passé dix heures est à peine tiède, l'ombre toujours froide et les pierres glacées.
Mon dimanche est terne comme cet amas de pierres dont j'ai besoin de m'évader.

Là-bas le soleil doré
Ici l'ombre glacée
Là-bas la chaleur douce et tiède
Comme celle d'un corps aimé
Ici le vent sauvage
qui vous râpe les mains
Et traverse le corps
En un long et douloureux frisson.
Mon âme est glacée
Comme le vent
Je ne sais où poser mon regard
Tous les gens me fatiguent.

vacances d'été de mai à septembre. Ce régime exceptionnel avait été obtenu en raison du climat saharien très chaud à partir du mois de mai et insupportable dans des bâtiments peu conçus pour affronter les grosses chaleurs ; les élèves comme les enseignants perdaient toute efficacité à partir du mois de mai. C'était en outre le début des récoltes de céréales, la saison des fêtes, des mariages, qui mobilisaient les enfants et suscitaient une dynamique nouvelle sur le plan économique et social. Par ailleurs, les enseignants, qui venaient pour leur très grande majorité de régions françaises et n'avaient aucune attache au nord de l'Algérie, n'avaient que faire des petits congés scolaires du régime français, car ils ne pouvaient repartir « en vacances » pour cinq, dix ou quinze jours à plus de trois mille kilomètres de leurs attaches métropolitaines (les lignes aériennes étaient nulles ou peu fréquentes).
La période de cinq mois de vacances continues attirait des jeunes gens en mal d'aventures. Les indemnités restaient modestes. L'une, appelée « indemnité de soleil », était défendue avec âpreté par les syndicats, mais les instituteurs nomades n'eurent jamais d'indemnité qui leur soit propre. Ils n'étaient qu'adjoints à la direction de l'école de Tamanrasset et aucun d'eux ne bénéficia jamais d'une promotion pourtant largement méritée. Et comme tous acceptaient cette vie nomade qu'ils avaient sollicitée, c'était en quelque sorte leur seule « récompense ». Cependant aucun d'entre eux ne dépassait quatre années consécutives d'exercice du nomadisme. Cette vie, assez dure à beaucoup d'égards, exigeait une robuste santé, du courage, de l'endurance, un grand équilibre psychique, et une générosité à toute épreuve, qualités que tous les Sahariens de cœur et d'adoption connaissent bien.

Mais un autre facteur plus subtil, que chacun pouvait éprouver secrètement, était le doute quant à la validité et la justification de cette mission éducatrice imposée aux nomades, malgré « l'apprivoisement » qui la caractérisait.

Le matin

... Toujours l'heure bénie du matin : le soleil tiède, généreux, la bouilloire qui chante, les chèvres chevrotantes avec leurs petits, les bergères et bergers qui ramènent les égarées, les fumées lourdes au-dessus des vélums rouges, le bruit sourd des pilons qui s'abattent rudement sur le magma des graines de mil mouillées, première nourriture de la journée, éternelle bouillie dans les petites marmites de terre ventrues...
Les sons, les odeurs, la lumière dorée qui s'installe lentement, tout exprime la vie du matin qui recommence. Un charme envoûtant s'en dégage qui incline à la contemplation, à la volupté d'exister sans autre ambition que voir, écouter, sentir.

Les petits chevreaux prisonniers dans leurs cellules de pierres (les *agror*), appellent désespérément leurs mères qui arrivent en bêlant à la tombée du jour. Les mères les plus hardies trottent les premières, détachées en avant du flot lourd du troupeau braillant dans une cacophonie de cris, d'appels, de plaintes et dans un grand désordre. Les chevreaux sortis comme des paquets de leurs abris enfin libérés par les bergères, se précipitent sur les mamelles à grands coups de museau. C'est la minute la plus intense dans la vie du campement. Chacun s'affaire autour des mères et de leurs petits. C'est la seule tétée que l'on tolère aux chevreaux, aussi la réclament-ils ardemment.

Enfin, l'effort humain, le coût financier (relativement modeste cependant) de cette expérience, concernait un nombre restreint d'élèves au regard des qualités pédagogiques déployées par les enseignants. Il était très difficile, au début des années cinquante, d'imaginer clairement l'avenir de ces élèves et le devenir du pays. La découverte des gisements pétroliers et miniers au Sahara, la mise en œuvre de leur exploitation, puis la guerre d'Algérie, allaient provoquer une mutation socio-économique et politique radicale.

La faim

Plus je réalise et comprends ma situation dans une tribu touarègue, chez des gens qui ont faim et froid, plus j'éprouve une gêne intérieure, une espèce de remords, de culpabilité. Plus je cherche à analyser les raisons de cette gêne malgré mon travail d'éducateur, plus je comprends que je n'ai pas le droit, non, pas le droit, d'avoir chaud et l'estomac bien garni à côté de gens démunis et dont je ne peux améliorer le sort.
Au fur et à mesure de ma propre découverte, je sentais se rétrécir mon orgueil et s'élargir la force de ma sincérité, de ma sympathie pour ce peuple. Cette vie dans une autre société est une épreuve décapante qui dissout les cloisons et les préjugés de notre propre culture. Cette vraie vie, apparemment simple, implacable, rigoureuse est plus riche d'enseignements qu'une bibliothèque de livres de philosophie – tout au moins pour celui qui en accepte la leçon.
Personne ne parlait de la faim dans le monde durant les années cinquante ; c'était un sujet quasiment tabou. L'administration coloniale française n'ignorait pas ce fléau, mais il était mal séant d'en faire état officiellement et publiquement. La discrétion était de règle. Dans les cas les plus aigus quelques aides matérielles étaient distribuées en dons de charité. Ce problème n'était pas encore reconnu à l'échelle de la planète, les actions caritatives restaient l'œuvre d'organisations religieuses. Je découvrais quant à moi l'obsession de la faim dans la vie quotidienne des populations qui supportaient ma présence, mais je ne disposais pas encore à cette époque des moyens d'analyse et d'évaluation que j'ai pu mettre en œuvre plus de dix années plus tard, quand je pus alors devenir chercheur au Centre National de la Recherche Scientifique (CNRS).
La société nous colle un masque d'abord sur le visage et nos idées puis sur notre conscience, si tenace qu'à part quelques éclairs de lucidité, vite étouffés de doutes, nous prenons ce masque pour la réalité. L'habitude, notre égoïsme nous apprennent par la suite à tout accepter.

Une classe nouvelle au Tamesna

J'arrivais au Tamesna en novembre 1953 avec le directeur de l'école sur le Dodge 4x4, avec mon cuisinier, toutes mes affaires personnelles, deux tentes (une pour mon habitat que j'avais achetée à des nomades de Laghouat et une pour l'école), du ravitaillement pour trois mois, des médicaments pour soigner les gens (nous avions fait un stage à l'hôpital de Tam pour apprendre à faire des piqûres intramusculaires et autres soins). Deux jeunes Kel Rela profitèrent aussi de l'occasion à la fois pour nous présenter aux responsables des différents groupes et pour faire les « jolis cœurs », se faire choyer en participant aux réjouissances locales qui étaient quotidiennes à cette époque. Nous fûmes reçus sous une confortable tente de cuir rouge et, après la dégustation des trois verres de thé de notre accueil, plusieurs belles filles nous entourèrent familièrement avec beaucoup d'affection. Elles me prenaient la main l'embrassant avec respect, nous demandant des nouvelles, plaisantant en langue arabe ou en tamâhaq. J'étais assis entre deux d'entre elles, comme mes camarades, qui voyant ma surprise et mon étonnement, me dirent : « Tu vois, le Tamesna, c'est çà ! » Comme d'autres disaient : « Ah ! c'est ça Venise ! », devant l'exaltation amoureuse qui s'emparait des visiteurs conquis par la beauté, l'ambiance et l'euphorie des lieux.
Les mêmes Kel Rela, que j'avais vus comme des prêtres orthodoxes dans le campement de l'aménokal, étaient là comme des nababs, adulés, honorés tels des princes. Le soir, lors des séances de *tindé*, des couples s'en allaient discrètement s'isoler derrière les énormes touffes de *Schouvia*, ou bien s'embrassaient par les narines ; le jeune homme renversant la tête de sa compagne, aspirait longuement narines contre narines, le souffle de son amoureuse, dopé de ces parfums violents de jasmin, de musc et d'indigo qui provoquaient une griserie très particulière dans l'exaltation du *tindé*, des chants, dans une ambiance très érotique. Car dans la civilisation touarègue traditionnelle, le baiser des lèvres

Du crépuscule du soir

Le soleil, cette conquête céleste, passe éclatant et majestueux derrière l'écran droit des montagnes de mon horizon. Sa lumière blanche comme celle d'un métal en fusion m'inonde, m'éblouit. Je jouis du soleil ! mon extase est là, suspendue aux quelques minutes qui précédent l'ombre droite que laisse sa fuite.
Il court, va vers l'autre côté du monde. À chacun sa bénédiction.
Il me reste maintenant quelques traînées de cirrhus blancs comme de la glace éblouissante bloquée dans la mer infiniment bleue du ciel.
Le nuage s'égraine maintenant en petits îlots diamantés. J'ai toujours rêvé de courir vers l'infini que le soleil emporte en chaque fin de jour, fuir comme l'éclair dans cette clarté enivrante, rattraper cette vie, remonter vers le soleil couchant, remonter le temps. Je voudrais pouvoir comme le Petit Prince de Saint-Exupéry déplacer ma chaise pour voir à chaque fois un nouveau coucher de soleil.

J'ai soigné cet homme gravement blessé et qui a guéri après de nombreux soins. Celui-ci n'a jamais éprouvé de reconnaissance ou de dette envers moi. Cette conception de la dette envers celui qui accorde une générosité est une création chrétienne, artificielle dans notre culture. Celui qui secourt son prochain n'a pas besoin de retour, son geste se suffit à lui-même, car il est celui de Dieu, pour lui-même et pour l'homme. Celui-ci gardera le souvenir d'un acte généreux, il éprouvera de l'estime, voire du respect pour son donateur, mais pas de reconnaissance au sens chrétien du terme.

L'équipe de tous les enseignants de l'école de Laghouat en 1948.
Au centre, les bras croisés, le directeur, M. Lefèvre.

Vue aérienne de Tamanrasset dans les années cinquante.
(Photo de l'armée de l'air algérienne avec son aimable autorisation.)

Guerrier touareg en parade avec son épée et sa javeline de fer.

Campement d'Akhamouk au centre, avec Damla son épouse à sa gauche et probablement Marly ag Amayas à sa droite. (Photo Maurice Reygasse prise vers 1930.)

L'instituteur à Amekni en 1951.

La hutte-école et habitation de l'instituteur sur le plateau de Tiffert, au lieu-dit Tounin-Akourim (les puits d'Akourim) en 1951.

L'aménokal Bey ag Akhamouk en 1951. En médaillon, l'aménokal en grande tenue vient de recevoir la légion d'honneur des mains de M. Léonard, gouverneur général de l'Algérie en 1951.

Mohamed ag Meslar et Sidi Moussa ag Akhamouk sous la tente en 1952, près de Tamanrasset.

Un aspect du centre volcanique de l'Akakor proche du plateau de l'Assekrem (2 750 m).

Un groupe d'enfants des Issendan dans l'Akakor en 1951.

Campement d'Isseqqamarènes dans l'oued Tafadjaq (entre Idelès et Herhafêk) en 1960.

Lavage de la galette après cuisson sous le sable.

Ambiance de campement l'hiver. (Photos J.-L. Bernezat.)

In Tayent ag Menna en octobre 2002 (guide touristique), et, en médaillon, en 1952, à l'école nomade.

El Mouden ag Menna à l'école nomade en 1952.

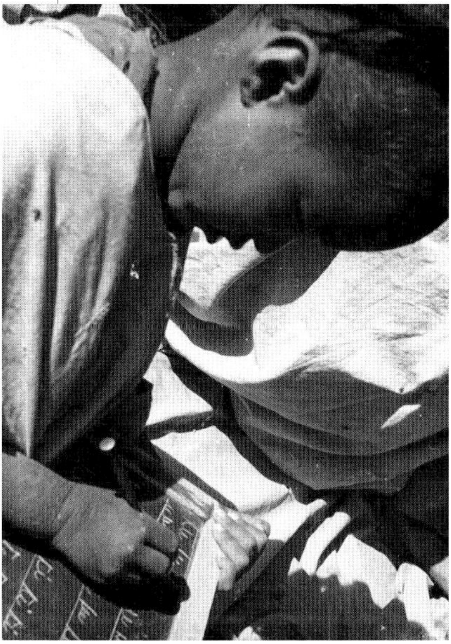

Bahra oult Aboukhelil s'apprête à verser le lait de la traite du matin dans l'outre à faire cailler le lait.

Réjouissances autour du *tindé* :
groupe de chanteuses accroupies près de l'instrument...

... et méharistes en parade s'apprêtant à défiler.

L'*ilougane* : carrousel de chameaux défilant au rythme du *tindé*.

Le *tindé* : grand mortier de bois recouvert d'une peau fraîche, constamment mouillée et tendue par deux piquets sur lesquels sont assises les joueuses entourées de leurs compagnes.

Un campement en déménagement au Tamesna en 1953.

Puits et bassin d'abreuvage à In Abangharit en 1953.

Lecture en plein vent au Tamesna en 1954.

Tebbi admirant les jouets d'argile qu'il a pétris et peints au Tamesna en 1953.

La classe sous la tente au Tamesna, année 1953-1954.

Élèves du Tamesna :
Yahya, Kanna et Dey.

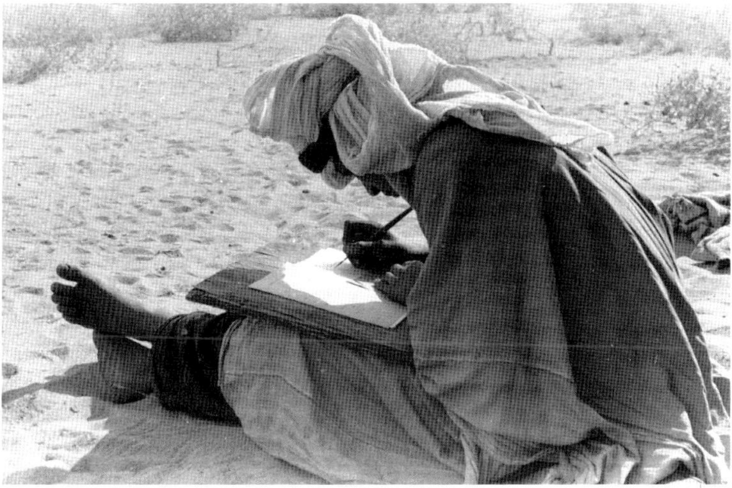

Titta et Dey en exercice d'écriture.

Requilla sur sa selle de femme décorée.

L'instituteur en promenade.

Jeunes filles Irreguenatènes du Tamesna.

Les chefs de tribus à la recherche de nouveaux pâturages.

Laârmech *amrar* des Irreguenatènes et son petit-fils Sidi Mohamed.

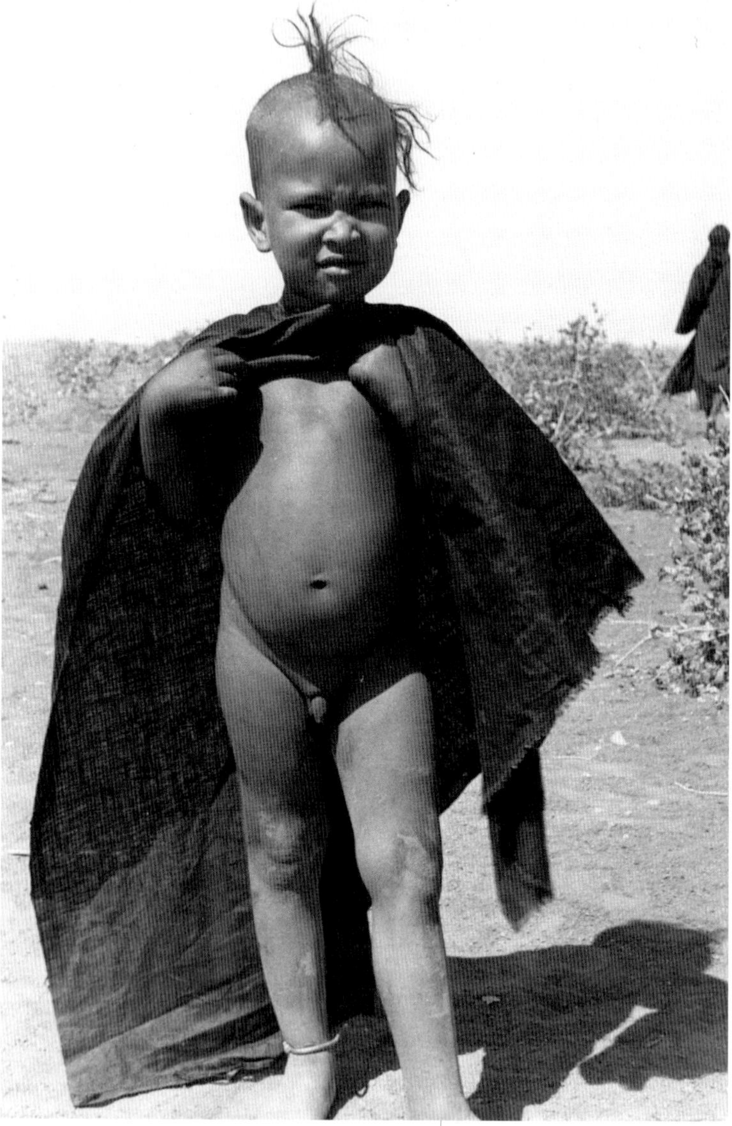

C'est moi Koukès et j'ai quatre ans !

Mateden (environ quatre-vingts ans),
l'homme qui s'est vu vendre contre un gros sac de mil !

La classe à Tamanrasset en 1955.

Les mêmes élèves proclamant leur succès à l'école coranique et quêtant des petites récompenses.

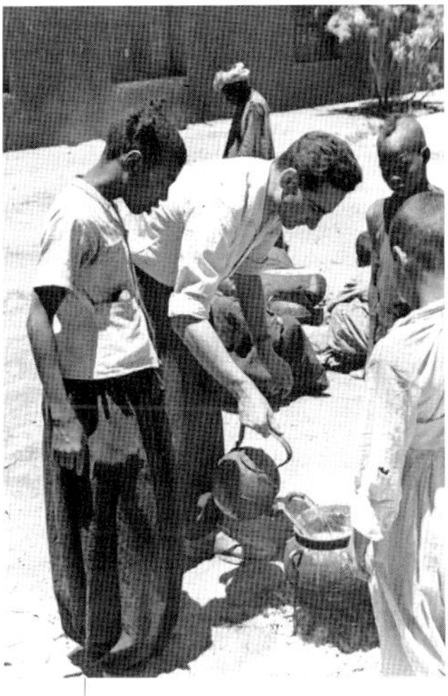

Préparation du couscous collectif à la fin de l'année scolaire 1956.

Les stagiaires des centres sociaux éducatifs à l'école normale de Saint-Cloud, en juin 1956.

Charles Aguesse et Raymonde Deblé (son adjointe) interviewés par Marceau Gast.

Célestin Freinet et Marceau Gast au congrès de Nantes en 1958.

L'équipe du Centre de recherches anthropologiques, préhistoriques et ethnographiques (CRAPE) à Alger en 1963, dirigée par Gabriel Camps.

Les bâtiments du CRAPE avec, en arrière-plan, les jardins du Palais du Gouverneur, devenu le Palais du Peuple.

5 juillet 1962 : arrivée des troupes de l'Armée de libération nationale (ALN) à Tamanrasset. Le capitaine Ahmed Draya est accueilli par le colonel Nivaggioni.

Le drapeau algérien est hissé sur le bordj militaire ; salut aux couleurs.

Panorama de l'Atakor vu du plateau de l'Assekrem (2 750 m) où le père de Foucauld établit son refuge.

n'est pas pratiqué chez les amoureux. Le voilement des hommes ne s'y prête pas, mais aussi parce que la bouche est le siège de nombreux interdits.
J'étais donc complètement bouleversé par ce changement de mœurs et de rapports entre les sexes, par la liberté dont jouissaient les filles sans provoquer d'irrespect ni de concupiscence de la part des hommes. Il me semblait retrouver en la circonstance, les racines anciennes de la berbérité que de nombreux voyageurs avaient déjà mentionnées dès les IXe et Xe siècles : liberté et respect accordés aux femmes, autorité et intégration à égalité avec les hommes, participation active à la gestion de la vie sociale, économique et politique. J'ai mieux compris alors ce que représentait pour les jeunes gens l'aventure caravanière au « Soudan ». C'était non seulement la responsabilité matérielle, économique, commerciale de ce capital ambulant qu'était une caravane de dromadaires, mais aussi la découverte d'autres pays, d'autres ethnies avec d'autres langues et surtout le retour tant attendu par le Tamesna où, prétextant le repos des dromadaires et leur cure salée, chacun avait sa correspondante, ses amitiés, ses complicités. Les caravaniers apportaient des petits cadeaux de sandales, de tissus, des blocs de sel, etc. qu'ils ramenaient de Zinder, Kano, Sokoto (au Nigeria). Les femmes du Tamesna pouvaient offrir en retour des petits sacs en peau de chevreau décorés et peints de leur confection, des cordons de suspen sion nécessaires aux méharistes, des lacets de sarrouels, des étuis à aiguilles ou à lames de couteaux, etc. L'hospitalité était totale de la part des filles célibataires. Ni les parents, ni les alliés ne se mêlaient de juger ou encore moins d'intervenir dans ces liaisons occasionnelles. D'autant que tout le monde profitait de l'ambiance de fête suscitée par les caravaniers avec des produits de consommation qu'ils vendaient parfois en dehors de leurs cadeaux : thé, sucre, tabac, tissus, voiles indigo de grand prix (*alechcho*). Entre les Autorités du Sud dont le siège était à Agadez et de leurs redoutables goumiers africains, et celles du Nord représentées à Tamanrasset, le Tamesna était un hinterland où le poids des administra-

Poésie du soir *(chez les Issendan)*

L'ineffable poésie de la nuit, les feux du soir derrière les nattes de paille tressée, les silhouettes paisibles. Une flamme plus claire monte ; l'homme a jeté une nouvelle souche de bois. Une chèvre inquiète se profile dans cette chaude clarté, les étoiles approuvent de leur scintillement serein. La nuit tombe, belle, vaste, infinie. Extase de jouir de cette minute, le cœur satisfait de sa tâche, gonflé comme un fruit à maturité.
Après deux lignes d'écriture le petit L'Imouden vient se jeter dans mes bras, me sert de ses petites mains autour de mon cou.
Je sais qu'il me donne des poux tous les jours, qu'il est crotté, couvert de crasse, mais c'est si bon ces petits bras qui vous serrent spontanément en toute confiance. Cet enfant encore petit animal, ne réfléchit pas, mais exprime ses sensations toutes fraîches dépourvues de l'appétit des hommes et des lourdeurs de la société.
Si je disais à ces braves gens que j'ai des poux, ils me répondraient : « Bien sûr ! Tu manges de la galette de farine blanche qui vient d'Alger. C'est elle qui donne des poux ! » Ils estiment que cette farine qui contient souvent des charançons semblables aux poux, transmet ceux-ci à l'homme.

Le remède contre les poux du corps :
Quand leurs vêtements grouillent de poux et de lentes, les nomades qui n'ont pas de moyen radical pour se débarrasser de cette vermine, étalent tous leurs vêtements au soleil sur des roches lisses où la forte température fait mourir très vite tous les parasites.

tions civile et militaire françaises s'évaporait pour laisser place à une joyeuse liberté dans un grand dépouillement matériel et une économie pastorale traditionnelle, fut-ce parfois au prix d'un difficile régime de survie quand les pâturages n'étaient pas suffisants. Cette indépendance, malgré l'autorité tutélaire de l'aménokal, inquiétait les responsables administratifs et militaires coloniaux, d'où l'idée d'installer un instituteur sans mission politique certes, mais pour y assurer une présence française dans un but éducatif, car il y avait aussi dans le cercle d'Agadez des classes « pour nomades » où les enfants étaient mis de force en internat. Pour amorcer cette situation le capitaine, chef d'annexe de Tamanrasset, avait obtenu du commandant de la compagnie du Hoggar de placer durant une saison, un an avant l'arrivée de l'instituteur, un brigadier-chef et deux goumiers au milieu de ces tribus. Ces derniers rejoignirent leur unité à Tamanrasset après quelques mois de présence.

Mon voyage de reconnaissance au Tamesna avant leur départ en 1953 me fut extrêmement utile. Pour la première fois je fus informé de la situation tout à fait nouvelle dans laquelle je devais me trouver au milieu de tribus qui, à part l'absence de rezzous, vivaient comme avant la colonisation.

La concentration de tribus ressortissant de l'autorité de l'aménokal du Hoggar avait pour origine la fin de la révolte de 1917, la chute du chef de guerre Kaocen et le ralliement de Moussa Ag Amastane (aménokal du Hoggar à cette époque) au commandement militaire français. Les prises de guerre en troupeaux camelins, récupérées par les militaires français sur le mouvement de Kaocen et les tribus hostiles à la domination française, furent confiées à Moussa ag Amastane. Celui-ci en restitua une bonne partie à leurs anciens propriétaires avec lesquels il avait gardé de bonnes relations, et en garda une autre partie pour constituer ce bien attaché à son titre et appelé *éhéré wan ettebel* (le troupeau du tobol). Ce troupeau qui, disait-on, représentait plusieurs milliers de têtes, ne pouvait subsister dans le Hoggar qui ne disposait pas

Dans le grand silence de l'Akarakar

À mi-flanc de cette citadelle gigantesque, j'ai suivi les sentiers des mouflons, je me suis agrippé aux roches branlantes, étourdi par la verticalité de la muraille de cent à cent cinquante mètres de haut surplombant les éboulis des bas-côtés. L'horizon immense du plateau volcanique voisin s'étale devant moi, âpre et dur avec l'odeur des armoises qui marquent ces territoires. Ce vide me semble intensément peuplé. Seul le vent émet un bruit subtil sur les roches dentelées.

L'oued Taroumout étend ses méandres entre les coulées de laves violettes. L'ombre est froide et le soleil brûlant, l'air si pur paraît artificiel. Le ciel bleu, bleu, tolère encore un petit toupet de nuage blanc en train de se fondre dans l'espace.

Akarakar, je voudrais connaître ton mystère, surprendre tes mouflons, mais j'ai peur de tant de puissance !

de pâturages suffisants. L'immense plaine sableuse du Tamesna qui recevait les pluies de la mousson tropicale n'était guère occupée au début du siècle, et se trouvait couverte l'hiver de *Schouvia purpurea* (*aluwat* en tamâhaq, *jir-jir* en arabe), excellent pâturage pour les troupeaux camelins. La démographie humaine et animale de toute la zone sahélienne, bien moindre que celle d'aujourd'hui, laissait d'immenses espaces disponibles où, bien que tout territoire ait eu un statut dans les cadres de références traditionnelles, l'accès des pasteurs nomades à ces territoires était toujours possible. La notion de frontières et d'État-nation n'existait pas encore. Donc, l'installation de ressortissants de l'aménokal du Hoggar et de leurs troupeaux au Tamesna ne posait guère de problème localement, sinon à l'administration coloniale (avec ses contrôles policiers, ses impôts et sa surveillance politique). Les années cinquante étaient en la circonstance, au nord comme au sud, celles de la fin d'une époque durant laquelle les traditions locales, les modes de vie, une certaine civilisation héritière de plus de deux mille ans, étaient lentement dissous, d'abord silencieusement, puis plus spectaculairement dans le fracas des indépendances, de la découverte des produits miniers et pétroliers, des guerres locales et de la mutation socio-économique et politique qui allaient secouer l'Afrique tout entière.
Mais pour l'heure, à mon arrivée au milieu de ces nomades heureux, je constatais que les jeunes gens se déplaçant sur de jeunes chameaux les faisaient trotter et galoper à tout propos par jeu, pour parader et effectuer des concours de course. Alors qu'à la même époque dans le Hoggar, les bêtes mal nourries n'auraient pas supporté un pareil régime sans périr rapidement.
Les Irreguenatènes qui revendiquaient une double filiation « arabe » pour les hommes et « touarègue » pour les femmes étaient majoritaires en nombre parmi ces tribus.
Ils avaient une énergie et un esprit d'entreprise que leurs voisins avaient en partie perdus. L'un de leurs vieux chefs *Lâarmech*, encore vivant en 1954, avait fait creuser vers

Changement de camp

Nous nous sommes arrêtés après une demi-journée de préparatifs peu réjouissants et trois heures de marche dans la rocaille. Devant les gorges de l'oued Taroumout le site est magnifique !
En bordure de la montagne où nous nous trouvons, d'énormes crêtes rocheuses érigées tels des monuments, dominent l'oued qui s'est creusé un passage difficile de petites chutes et de bassins en de douloureuses contorsions.
De l'autre côté, en face de nous à environ un kilomètre en ligne droite, un autre campement est déjà installé. La silhouette menue des personnages se découpe en ligne de crête dans les rayons déjà obliques du soleil couchant. Le crépuscule d'ombres évolue lentement vers la nuit à laquelle la vie se prépare : les cris des bergers ralliant leurs troupeaux, les gros rats qui m'observent attentivement avant de s'aventurer, les traquets blanc et noir qui volettent dans le vide. Quel bonheur d'être oiseau !
Les femmes boivent le thé au milieu des paquets étalés en désordre. Les hommes, qui ont déjà bu cette liqueur tant attendue après une journée de voyage, s'occupent à construire hâtivement des abris pour les chevaux que les chacals convoitent la nuit. Les enfants vont en quête de bois ; les domestiques ramènent les troupeaux. Chacun donne sa part dans cette communauté indépendante, mais nécessairement disciplinée.
Un troupeau de chèvres s'étale sur les glacis d'en face, tels des bacilles noirs sur un fond bistre. La lumière diffuse du soleil derrière la montagne les rend encore plus noirs et plus tranchants sur la rocaille. Les chèvres fourmillent lentement, tel un grand corps capricieux, talonné cependant par les ordres rauques des vieilles bergères. Étranges ces cris des bergères et bergers montagnards pour conduire et rallier leurs troupeaux de chèvres. C'est une gamme de cris et sifflements du plus léger comme un appel d'oiseau ou d'un bruit de feuilles froissées, au cri impérieux du bouc, âpre, inquiétant, qui a le don de faire fuir les femelles et leurs chevreaux. Langage humain conçu pour leurs animaux que les bambins commencent à apprendre dès l'âge de quatre ans et qui impose le ralliement, l'interdiction d'une voie, l'accélération de la marche, l'arrêt ou la mise en confiance du troupeau apeuré. S'y ajoutent les appels destinés aux humains : youye ! youye ! longs et aigus, émis seulement par les femmes. Tout cela au milieu de la cacophonie des appels des mères

1920 plusieurs puits au lieu-dit *In Abangharit* pour abreuver leurs troupeaux. L'eau n'était pas profonde (entre cinq et dix mètres) et abondante. Tout le pays put en profiter, et en particulier les grands troupeaux de vaches à cornes en forme de lyre des Peuls, venus s'installer aussi progressivement au Tamesna.

Enfin libéré de tout antécédent, je pouvais mettre en œuvre l'approche pédagogique et les techniques que j'avais expérimentées dans mes précédentes classes. À savoir, l'accent sur un apprentissage accéléré du langage, lecture globale de petites phrases et décomposition immédiate des syllabes pour arriver à l'assimilation de voyelles et consonnes isolées ; écriture de ces lettres, apprentissage des chiffres de 1 à 10, puis de 10 à 20 avec composition et décomposition progressives des quatre opérations (addition, soustraction, multiplication et division). Tant que le mécanisme de ces opérations n'était pas parfaitement assimilé, nous ne dépassions pas le chiffre 20, malgré l'impatience de certains élèves. J'avais quelques livres scolaires de lecture, mais aussi des fiches de calcul éditées par la coopérative de l'École Moderne (CEL) de Célestin Freinet. Mais la réalisation de « textes libres », souvent élaborés à partir de dessins sur l'actualité de la vie locale, représentait une puissante motivation chez les enfants qui avaient soif d'apprendre et assimilaient très vite le langage et le calcul. J'avais une quinzaine d'élèves dont l'âge variait de quatre à seize ans. Il me fallait donc moduler les leçons en trois niveaux selon les capacités de chacun. Des adultes venaient souvent en auditeurs et grappillaient quelques mots, quelques phrases qui leur permettaient de se familiariser avec la langue française. En sorte que la classe était « ouverte » à tous les sens du terme, en plein vent, à terre, dans des conditions matérielles extrêmement sommaires, mais qui ne gênaient en rien l'efficacité pédagogique. Car le secret de la réussite était la conviction et le savoir-faire du maître, son énergie et sa volonté de réussir. La sympathie et l'attraction à l'égard des enfants et du milieu local établissaient un courant d'échanges nécessaires pour

et des chevreaux accourant vers la tétée du soir. Mais les bergères veillent, dès la montée de lait provoquée par les violents coups de museau des petits sur la mamelle, la femme est déjà là, son pot de bois à la main, repoussant le petit animal, bloquant une patte arrière de la mère entre ses genoux et trayant d'une main experte ce qui reste du lait dans la mamelle. Car la production journalière de ces chèvres affamées ne dépasse guère un demi-litre de lait. Ce lait frais, sauf s'il est abondant, ne sera pas consommé après la traite, mais versé dans des outres à faire cailler le lait, baratté le lendemain matin pour en extraire du beurre. Le lait aigri allongé d'eau, à demi écrémé après le barattage, sera le viatique quotidien de chacun des nomades. Le bruit cadencé du pilage du mil commence alors pour préparer la bouillie du soir arrosée de lait. La nuit est déjà là, le troupeau est apaisé et calme sur l'aire qui lui est consacrée. Les humains vont et viennent autour des feux, les oiseaux retournent dans leurs abris rocheux, alors que d'autres espèces nocturnes commencent leurs activités : un corbeau lance son dernier croassement et la hulotte son premier appel nostalgique. Les souris, les rats, les gerbilles partent à l'aventure ne négligeant aucune petite pousse à consommer, aucune graine à croquer.
De mon promontoire je laisse enfin toute cette petite faune prendre possession de la nuit et me hâte vers le camp, craignant le froid qui me saisit dans les blocs de basalte et que l'ombre rend de plus en plus dangereux.

Mes provisions de grains, de farine, de pâtes, étaient tellement soumises aux attaques des rats, souris et gerbilles, que j'ai dû accepter le prêt d'une petite chatte, seule arme efficace contre ces prédateurs. Mais lors d'un de nos déplacements j'abattais sans ménagement le mât central de ma tente-marabout qui me servait d'habitat. La petite chatte qui s'y trouvait, fut affolée par cet effondrement du monde dans lequel elle vivait à l'abri, et partit se sauver en montagne retrouver une vie sauvage à l'instar d'autres chats domestiques. J'en fus plein de regrets.

dépasser la position d'étranger, du maître d'école imposé par l'administration, et projeté en pleine nature. Ainsi, en six mois continus de travail soutenu, la plupart des enfants pouvaient parler, lire et écrire le français en sachant compter. Ces résultats devaient être consolidés et confortés. Ce fut l'œuvre des collègues qui m'ont succédé durant les quatre années suivantes. Cependant, le régime du travail pédagogique était alourdi par une promiscuité de tous les instants, de jour comme de nuit ; car le maître était considéré comme un savant, capable de résoudre tous les problèmes, en particulier sanitaires (de la bosse du chameau mangée par les corbeaux et envahie de vers, au petit chevreau au fourreau bloqué l'empêchant d'uriner, du jeune garçon à la gorge ravagée par un énorme abcès ou à la mère allaitante aux seins gonflés et très douloureux, etc.). Mais aussi le *tâleb* était perçu comme une source de ravitaillement inépuisable par des nomades qui ne préparaient pas de repas chauds (ni bouillies, ni galettes, ni viande) faute de provisions. Or je ne reçus en sept mois qu'une seule fois des provisions laissées par un transporteur privé au puits d'In Abangharit qu'un nomade eut la bonté de me ramener discrètement la nuit pour m'éviter d'être assailli par les quémandeurs. Les vieux chefs mangeaient quelquefois en toute discrétion des bouillies de graines sauvages (*Panicum* et autres graminées) que les voyageurs leur ramenaient de l'Azawar et de l'Adrar des Iforas. Durant les mariages et les grandes réceptions (visite de l'aménokal par exemple, fêtes musulmanes, ou offrandes alimentaires exceptionnelles), des bœufs, des moutons et des chèvres offerts par la collectivité des familles étaient sacrifiés. Toute cette viande était bouillie dans des demi-touques de fer issues des barils d'huile et de gasoil de récupération.

Des bouillies de mil apparaissaient alors, après qu'un peuple de femmes eut pilé les graines durant plusieurs jours. Cette bombance exceptionnelle permettait à chacun d'engloutir des quantités énormes de nourriture en comblant tant bien que mal les carences alimentaires (surtout en graisse et en protéines) accumulées depuis des mois. L'euphorie de ces

La vie de ces nomades n'est pas celle d'un camping confortable dans une tente bien fermée semblable à une maison ambulante ou à une yourte.

À part durant les quelques orages qui contraignent les gens à se barricader et à multiplier de maigres abris, ces nomades vivent en plein soleil ou sous la lune et les étoiles. L'hiver on enlève le vélum de cuir pour jouir de la chaleur du soleil le jour, car le froid la nuit est beaucoup moins craint que celui du sol.

Moi, qui suis un faux nomade, comme eux, je ne peux résister à l'attrait des premiers rayons du jour, à la douce chaleur qui baigne le corps encore engourdi chaque matin, après le froid de la nuit.

Parmi les fumées lourdes des premiers feux, le troupeau de chèvres goûte lui aussi ces heures de détente et de sérénité. Le ciel bleu, pur comme les yeux d'une vierge, sublime cette paix indéfinissable, ce lent réveil à la vie quotidienne qui, ici plus qu'ailleurs, devient la mission de vivre.

Tamesna 1953

Le silence ce soir, le silence jusqu'à l'indécence, jusqu'à la gêne. J'ai envie de faire du bruit pour tuer ce silence. Le craquement des feuilles mortes qu'écrase un rat curieux déchire mon silence ; émotion intense du cœur, celle de l'avènement d'une présence dans cette solitude.

Et pourtant, de très loin, me parviennent les éclats des enfants qui jouent au clair de lune. Cette vie qui m'est extérieure me fait davantage accuser mon silence.

La chute sur la bâche de ma tente d'une minuscule sauterelle tombe dans le calme de l'aube comme une goutte d'eau à la fin d'un orage ; bruit lourd dans un moment d'attente, de repos.

Je pense à la pluie, à l'humidité de ma terre natale, de sa verdure. Je rêve d'un véritable hiver avec l'odeur de la terre mouillée, des flaques d'eau, du brouillard, des matins noirs, des vents frais ; mon cœur se serre de nostalgie.

En ce moment, bien loin d'ici, des humains supportent la pluie, ils l'aiment ou la détestent, et salueront d'une joie intense la première journée de printemps. Ici pour moi, c'est toujours l'été et j'ai fini d'y goûter. Je veux un hiver, un vrai hiver avec de l'eau, du froid qui mord, de la buée devant la bouche, des ruissellements sur la tête, le visage.

festivités se traduisait par les séances continues de *tindé*, de chants et de danses endiablées (*tazeñgharat, issouat*) et des carrousels de chameaux (*ilougane*) qui attiraient tous les nomades à presque cent kilomètres à la ronde. Les jeunes gens sortaient leurs plus belles parures : sacoches de cuir finement brodées et colorées, tuniques et voiles indigo de grands prix, sandales rouges aussi larges que des raquettes, selles d'apparat dont on enlevait pour la circonstance les housses protectrices. Le bouclier d'oryx et la javeline de fer faisaient quelquefois partie de l'armement du méhariste avec le poignard de bras (les armes à feu n'ont jamais été montrées dans ces parades touarègues, sauf chez les militaires en défilé).

Nous avons vu au Tamesna, en 1954, près d'In Abangharit, une scène de mise en transe et d'exorcisme : devant un groupe d'hommes et de femmes qui jouaient de l'*imzad* de nuit, est apparu un jeune homme d'allure étrange qui resta un moment à distance. Les femmes, à son apparition, se mirent à hurler des « youyous » angoissés et soutenus. Je demandai des explications : on me dit que ce jeune homme « avait en lui les génies » depuis deux ans, qu'il ne parlait presque plus et mangeait très peu ; il vivait à l'écart de tous, négligeant souvent de se voiler la face, sauf quand il entendait le *Tazeñgharat* : il était alors transporté par ce rythme ; il venait danser frénétiquement et réclamait constamment des chants et du rythme dans un langage inintelligible.

Les femmes laissèrent leur *imzad* tout en hululant leurs « youyous » pour chasser les démons de l'esprit du jeune homme. Celui-ci vint vers le groupe, se pencha sur un homme assis, lui plongea la main au côté pour retirer son épée ; il s'écarta, brandissant l'épée au-dessus de nos têtes en faisant des moulinets, sans que nul ne bouge dans l'assistance et ne fasse un mouvement de surprise ou de crainte. Il partit en direction d'un autre groupe qui commençait à rythmer les sons rauques du *Tazeñgharat*. On vit alors ce jeune homme, armé de l'épée qu'il maniait avec une adresse extraordinaire, danser en faisant des figures particulièrement audacieuses.

Soirée dansante

La voix suave de la petite Noire que j'entends à distance chante la vie, vibrante de promesse et d'espoir, d'une sensualité d'enfant, mais aussi telle une plainte de biche par ses modulations et ses accents aigus. Les autres filles l'accompagnent sur les finales en frappant des mains dans cet immense théâtre de la nuit, sous la voûte étoilée. Ce charme ensorceleur, c'est l'Afrique des profondeurs qui parle à ma porte, capable d'apporter sa jeunesse à une Europe vieillie en mal de renouveau.

Ce soir le *tobol* a fait place au *tazeñgharit* et à l'*isouat*. Les hommes frappent en cadence le sol sableux de leurs pieds nus ; la poussière, l'odeur de l'indigo, le rythme sauvage, ces voix de femmes ensorceleuses, nous donnent le frisson, la transe nous gagne, tout le monde chante, danse, ahanne de bonheur, ceci quarante ans avant les rythmes rock qu'écoute la jeunesse occidentale de l'an 2000 avec tout de même une différence notoire : cette jeunesse nomade n'a besoin ni d'alcool, ni de drogues pour être heureuse.

Le *tindé* au Tamesna

Deux mains frêles frappent en cadence la peau mouillée tendue sur la bouche du grand mortier de bois. Il en sort un son sourd, profond, pénétrant, qui résonne à des kilomètres à la ronde.
Une petite voix perce le bourdon du mortier comme le vol d'une abeille par une chaude après-midi d'été. Elle est monocorde, un peu nasillarde, les mots traînent. La chanteuse lance de courtes phrases reprises en chœur par l'assemblée des filles qui battent des mains en cadence. L'ensemble reste monotone, plaintif, presque nostalgique.
Quand l'entrain baisse d'intensité, les battements et le chant s'arrêtent. L'on cause un peu, l'on s'interpelle et l'on plaisante. Durant cette pause, une main occupe le silence en frappant des coups réguliers jusqu'à ce qu'une autre compagne reprenne le rythme avec un autre chant et les mêmes battements de mains.
C'est le *tindé*, la distraction la plus courue des jeunes gens et souvent l'unique distraction des nomades du Hoggar. Le grand mortier de bois qui sert ordinairement à piler le mil humide pour en faire une bouillie compacte arrosée de lait, est accessoirement transformé en tam-tam. La peau de chèvre mouillée fortement sanglée sur la bouche de l'épais mortier est tendue soit par deux grands pilons, soit par deux grandes perches de bois parallèles sur les bords desquels s'assoient deux filles pour maintenir la tension de la peau.

Le *tindé* « est à ma porte » pourrais-je dire. Il embrasse tout l'espace car le sol, l'air appartiennent à tous et à toutes. Le *tindé* m'appelle de ses coups lancinants qui frappent le cœur comme pour le faire bondir, l'exalter. Je suis dépité de ne pouvoir répondre à cet appel, de crier avec ces jeunes gens gais, insouciants, libres !

Animaux et prédateurs

Les enfants du Tamesna sont tous des chasseurs d'une ruse et d'une habilité exceptionnelles. Aucun animal si sauvage soit-il, si difficile à capturer ne leur échappe : varan, gerboise, gazelle, fennec, chat sauvage, jeune hyène, etc.

Chaussant leur dromadaire de semelles de cuir pour leur éviter les pires brûlures de leurs soles sur le sable dépassant 70° aux heures les plus chaudes, ils capturent ainsi des gazelles et leurs faons venus se reposer à l'ombre des acacias quand la chaleur est accablante. Si les animaux veulent fuir, quelques dizaines de mètres suffisent pour fondre leurs sabots qui, ensanglantés, les obligent à s'arrêter sur les genoux.

J'héritais ainsi d'une véritable ménagerie constamment enrichie par ces jeunes chasseurs qui voulaient me faire plaisir. J'eus ainsi comme pensionnaires quatre gazelles, deux ou trois fennecs, trois chats sauvages, une jeune hyène. Il me fallait nourrir ces animaux ou les laisser s'échapper la nuit, mais aussi et surtout les protéger contre la rapacité des chiens faméliques de la tribu, capables de sauter les barrières, de creuser sous la tente pour dévorer les jeunes gazelles en particulier. D'ailleurs ces chiens si affamés se glissaient la nuit pour tirer sous ma tête une outre de cuir contenant ma réserve de farine et que je protégeais en m'en servant d'oreiller. Cependant les souris arrivaient à me soustraire quelques livres de cette farine qu'elles stockaient dans un trou après l'avoir transportée sur leur queue poilue. Des outres d'eau qu'il fallait cacher suspendues sous des couvertures pour ne pas mourir de soif, à mes maigres provisions constamment sollicitées par les quémandeurs, il me fallait encore déjouer l'appétit, la ruse et la férocité des rongeurs et des chiens. Dure école d'endurance !

Tout près du visage des femmes qui battaient des mains et chantaient imperturbablement ; il exécutait saut, grand écart, mise en garde ; les hommes le laissaient faire beaucoup plus qu'ils ne participaient à la danse. À un certain moment, le jeune homme voulant un rythme plus rapide, s'agita en direction des femmes, leur faisant des gestes impératifs et poussant des sons inarticulés comme l'eût fait un muet. Le rythme augmentait jusqu'à l'exaspération ; le jeune homme dansait depuis plus d'une demi-heure et avait fourni déjà un effort physique soutenu ; alors, il tomba tout d'un coup à terre, au pied d'une touffe de chou sauvage (*alouât*) ; les autres danseurs le remplacèrent devant les femmes.
Au bout d'un instant, un homme se pencha au-dessus du jeune homme, prit l'épée, le toucha de la pointe de la lame à la tête, le long du corps, jusqu'aux pieds ; ce remède eut le don de réveiller comme électriquement le patient qui partit rapidement dans la nuit en rajustant son voile de tête ; il ne revint plus.
L'homme qui avait tenu l'épée la lança la pointe en avant dans la touffe de chou pour éviter que quelqu'un ne s'en blesse. Quelques instants après, le propriétaire de l'épée récupéra calmement son arme qu'il remit au fourreau.

J'ai vu, au moins une fois, une pratique qui était courante chez les nomades d'Arabie à la fin du XIXe siècle et que le père Jaussen signale dans son livre « Coutumes des Arabes au pays de Moab, Adrien-Maisonneuve, 1948 ». Une caravane étrangère (campement en déplacement ou petite caravane commerçante) passant à proximité d'un campement au Tamesna, était invitée à s'arrêter dans ce campement quand les femmes dressaient une bannière blanche au-dessus des tentes, afin qu'elle soit visible de loin. La caravane passait rapidement et si cela lui était possible, pouvait s'arrêter, faire une pause, boire le thé et échanger des nouvelles.
La saison chaude arrivant, il me fallait envisager mon départ et j'écrivis ceci sur mon carnet de notes : « J'ai achevé ma classe au Tamesna courant avril. C'est un peu précoce, mais

Le petit chat sauvage est là bavant, rugissant, tirant sa corde jusqu'au bout, ses beaux yeux de cristal fauve en colère, la queue hérissée tel un écouvillon. Extrêmement sensible au moindre bruit ou geste, il réagit à la fraction de seconde, sur la défensive, prêt à faire face ou à fuir.
Ce petit animal d'une rare beauté, au pelage blond, légèrement rayé, est habitué à l'ombre de son trou de sable durant le jour et chasse la nuit, guettant souris, rats, bestioles de toutes sortes. Il est au supplice parmi les hommes qui bougent constamment, bruyamment et lui sont dangereux.

L'on m'avait offert une chatte de ce type semi-apprivoisée qui n'avait plus peur des hommes, mais plongeait avec une agilité inouïe sur le moindre petit animal vivant, pour le dévorer. Je l'avais ramenée précieusement avec moi dans la maison de mes parents où la présence des troncs d'arbres la rendait folle de joie. Elle y grimpait à grande vitesse découvrant avec ivresse l'altitude, notion qu'elle n'avait jamais pu avoir dans son pays d'origine où les quelques acacias épineux n'étaient guère propices à de telles envolées. Après plusieurs jours d'acclimatation elle disparut dans la forêt, car ces chats sauvages n'ont pas l'instinct du gîte chez les hommes comme les chats domestiques. Je crains fort qu'elle ait été tuée après quelques incartades dans les poulaillers des voisins.

ici c'est déjà trop tard. La chaleur est accablante (47° sous la tente dès le mois de février), le temps est orageux, le ciel lourd, le vent amène quelques grosses gouttes de pluie issues de la mousson tropicale. Tout concourt à la mélancolie, surtout avec la longue plainte des chamelons appelant leurs mères. J'ai le cœur serré de terminer ma tâche ici, car j'y laisse un peu de mon âme, de ma vie, de mes joies et de mes peines. Les joues brûlantes de fièvre, les gencives en feu, un gros abcès dentaire aux incisives supérieures me fait souffrir depuis plusieurs jours, je ne sais pas encore que je suis miné par un scorbut dû à mes carences alimentaires et faute d'approvisionnement. J'ai totalement perdu l'appétit et aussi mes forces physiques. Je me déplace difficilement. Heureusement que je ne regrette pas mon travail et pars le cœur content après cette troisième saison de classe nomade. Je sais aussi que ce sera la dernière. Je m'étais donné trois ans pour savoir si cette vie aventureuse pouvait me convenir et si j'en avais les capacités physiques. »

J'avais imaginé un moment de m'assimiler totalement à ce peuple, de me marier à l'une de ces belles filles, de répondre à l'estime et à l'appel chaleureux du père de l'une d'elles, de me laisser ensorceler par cette vie hors du commun, loin de l'Europe et de ses contraintes. Je croyais naïvement pouvoir vivre essentiellement de lait, comme ces nomades adaptés à ce régime depuis plusieurs générations. Las ! mon utopie recevait un démenti sévère avec ces signes de déficience profonde. Je mis un an à m'en remettre.

Mais il me fallut revenir à Tamanrasset par mes propres moyens à partir du puits d'In Abangharit près duquel mes amis nomades m'avaient déposé avec mon cuisinier et mes bagages. Le directeur de l'école avait argué n'avoir pas assez d'essence pour faire l'aller-retour sur mille quatre cents kilomètres de piste saharienne longue et difficile. J'attendis quelques jours les passages de camions remontant à vide vers le nord, en faisant de l'auto-stop comme les nomades. Un semi-remorque s'arrêta enfin et ne consentit à nous emmener qu'à la condition d'être remboursé à Tamanrasset

Tamesna 1954

Les tobols battent pleins d'ardeur jusqu'à l'exaspération, trois, quatre à la fois, chacun sa note, son rythme. Des carrousels de chameaux défilent : cinquante, soixante, quatre-vingts méharistes parés comme des paons, élégants et dignes, drapés d'indigo et de blanc, ceinture rouge et cordons de soies multicolores en croisillons sur la poitrine.
Les tobols halètent comme un souffle rapide, des cris de guerre sont poussés : haou ! haou ! ; des cascades de youyous strillent au milieu des battements de main et des chants plaintifs et traînants des filles.
Mais gare aux étincelles ! Une rage folle s'empare soudain de l'un des spectateurs. La foule inhabituelle, l'excitation du bruit, des odeurs et des femmes, réveillent une vieille rancune chez cet homme qui dégaine son épée et frappe, frappe pour tuer, jusqu'à ce qu'on le maîtrise.
Du sang, des plaies laides dans la chair à vif, teintée d'indigo. Ça sent le meurtre, la révolte, la guerre. Les esprits sont surexcités, le marabout clame des incantations religieuses pour chasser les mauvais génies, évoque le Prophète et le saint Ben Jilali.

Le coupable qui sortait de prison y retournera. Il paiera avec sa famille la vengeance future de la victime. L'insulte reste vive. L'on s'en souviendra longtemps jusqu'à ce qu'éclate une nouvelle rixe, une nouvelle dispute.
Babahmed est maintenant mutilé de deux doigts de la main gauche avec une belle entaille au bras et une autre sur le crâne. Je nettoie ses plaies à l'eau bouillie et au permanganate en les saupoudrant d'Exosetoplix. Il a du courage et quand on lui demande comment ça va, il répond toujours calmement : « Ça va, ça va très bien ! »
Deux ans plus tard Babahmed tuera le frère de son agresseur près du puits d'In Abangharit d'un coup de javelot de fer.

Noires pensées

Toute solitude est peuplée de génies (*djnoun-s*), dangereux pour l'homme. Un voyageur contraint de partir seul quelque part doit avoir au minimum un bon couteau, voire une épée, car les génies craignent par-dessus tout l'acier tranchant.

Un homme désœuvré ou au repos, s'il ne dort pas, ne doit pas rester seul avec ses pensées ; il doit parler avec ses voisins, occuper l'espace sonore faute de quoi ce seront les mauvais génies qui s'empareront de son esprit. Ce fameux « cafard » saharien qui ronge le cœur et l'esprit est une réalité subtile. Tout individu taciturne, peu bavard, est constamment ramené par ceux qui l'entourent à la réalité du moment : « Tu penses ? C'est mauvais de penser, ça mine l'esprit et le cœur. Parle, raconte des histoires, abandonne tes noires idées ! » Pour différencier la pensée sage, réfléchie, de la pensée dépressive « cafardeuse », les Sahariens utilisent en arabe le verbe *faqar* (réfléchir, concevoir, songer) s'opposant à *tekhmîm (taẖmîm)* la pensée noire, déprimante qu'ils attribuent à l'envahissement des mauvais génies.

Le doute (Tamesna 1953)

Comment lire, étudier en pleine nature quand le vent vous souffle aux oreilles, vous murmure tant de choses, comment écrire sur du papier quand la vie s'étale à vos yeux avec toutes ses couleurs et ses palpitations.
J'aperçus au loin sur la ligne aiguë de la dune de mon horizon, comme découpée au rasoir, la silhouette minuscule, noire et fragile d'un chameau perplexe sur la direction à prendre.
Je me sens comme ce chameau sur une crête d'horizon, perpétuelle, toujours à la recherche d'une route.

Les mystères du chameau

Le chameau fait quelques pas et puis s'arrête immobile, telle une statue. Il demeure ainsi un long moment, et pour qui n'a pas vu sa progression, il semble avoir été là depuis des temps.
Puis un mystère s'accomplit dans ses entrailles. Il se penche enfin vers le sol et broute d'un air souverain les bouts les plus tendres des maigres plantes qui subsistent encore entre les rocailles.
Il marche. Il ne sait où il va, mais son corps, ses cellules l'entraînent vers la nourriture, vers les herbes plus riches. Qu'un orage gronde à des dizaines de kilomètres à l'horizon, il change de cap et va d'instinct vers ce bruit annonceur de pluie et de pousses fraîches. Les escargots aussi sortent de leur coquille au moindre bruit de tonnerre, ils peuvent même être confondus par le simple bruit d'un arrosoir de tôle battu bruyamment. Même instinct de survie chez tous les animaux.
Les dromadaires livrés à eux-mêmes sans entraves, pour leur permettre de survivre, sont parfois retrouvés au Tamesna à huit cents kilomètres plus au sud quelques semaines plus tard. La recherche de ces animaux en divagation est l'un des soucis permanents des nomades qui marquent leurs bêtes de leur feu, seul moyen pour eux d'en revendiquer la propriété.

de la quantité de gasoil correspondant à la consommation de son véhicule sur cette distance. Je m'engageais personnellement auprès du chauffeur pour le rembourser de cette façon. Ce qui fut fait, bien que de mauvaise grâce, par le directeur après notre arrivée.

Le médecin de Tamanrasset examina mon état et m'administra une série de piqûres de vitamines après avoir diagnostiqué un scorbut. Quant à mon abcès dentaire, c'est à mon retour à Alger qu'il fut traité par l'arrachage de trois dents, en attendant la mise en place d'un appareil, après un mois de repos chez mes parents.

Tamesna 1953

Un coup de vent violent vient de faire chavirer la tente-école sur nos têtes. Nous essayons d'en maîtriser les éléments, chacun se pend en hurlant aux cordes d'amarrage ; des petits bouchons de cinq-six ans tirent la grosse bâche en gazouillant you ! you ! you ! émoustillés par le désordre de cet événement imprévu. J'essaye vainement de replanter les piquets d'amarrage dans le sable mou, mais ils se décrochent tous au fur et à mesure de mes efforts.
Décidément, pour aujourd'hui, l'école est finie. La grande tente chavire totalement et s'écrase lamentablement sur les cahiers, les ardoises, les planches servant de pupitres. Les gamins surexcités s'empoignent deux à deux en simulacre de luttes comiques. Ce qui me vaut quelques photos.

Liberté

Zuwiwen s'en va vers le puits pour abreuver ses chamelles. Il part au coucher du soleil, après la traite, et marchera toute la nuit pour arriver à l'aube devant le puits. Il conduit seul ses soixante chamelles sans s'égarer à travers l'étendue plate et monotone du terrain jusqu'à In Abangharit. Les chamelles pâturent sans s'arrêter de-ci, de-là.
Zuwiwen est presque un homme. On lui confie déjà la garde du troupeau, seule ressource de la tribu. Il va puiser une demi-journée durant, cette eau si précieuse dont ont besoin bêtes et gens sur cette terre brûlante ; et puis reviendra demain soir en chantant les refrains du *tobol* sur son chameau, brandissant sa cravache d'un air conquérant, menaçant les chamelons retardataires et rapportant les nouvelles qu'il a récoltées au puits auprès d'autres bergers. Son grand-père, vieux chef de son clan, sera fier de lui. Cette vie lente, pesante et monotone l'été, est à peine agrémentée de quelques verres de thé et de chants du *tindé*.
Malheur à qui apprend le bonheur de vivre libre, de diriger à sa guise sa propre tâche, de choisir ses heures de repos ou de méditation, de fuir en toute liberté les importuns. Celui-là est un animal sauvage. Or plus rien dans notre société n'est sauvage ; tout y est poli, domestiqué, standardisé, conditionné.
« L'animal sauvage » arrivera-t-il à ne pas se faire prendre aux pièges des dompteurs toujours en chasse ?

La tribu des Dag Litni vient de déferler sur nous comme une nuée d'acridiens dans les blaterrements des chameaux qui protestent quand on les fait baraquer. La longue plainte des chamelons privés de leurs mères, les appels des femmes, les piaillements des enfants. Ce flot désordonné, hétéroclite sort de derrière la dune, les jeunes gens sautillant sur de jeunes montures, des petits enfants noirs courant sur le sable blanc comme des parasites sur une couverture propre. Enfin les cris et protestations s'atténuent, la tribu s'est jetée sur un espace verdoyant de *Schouvia* tout près de ma tente. Les visiteurs, quémandeurs et autres parasites pourront venir souvent pour réclamer thé, sucre, tabac, sel, etc. et Dieu sait quoi encore !
Les chameaux immobilisés sont débarrassés de leurs charges et des misérables hardes qu'ils transportaient. En quelques minutes les piquets de tente sont calés dans des trous de sable ; ils peuvent déjà supporter les vélums de peaux rouges mitées par l'usure. Le troupeau de chamelles est emmené à distance pour pâturer, séparé des chamelons qui émettent toute la journée leur longue plainte triste et monotone dans une atmosphère nostalgique, pesante sous une écrasante chaleur.
Cette ambiance sonore est parachevée par le clairon triomphant d'un âne libéré de sa charge et qui va enfin brouter lui aussi ces plantes vertes.

Violence des éléments

Le sable crépite sur la toile de la tente-école, contre la natte de paille (natte paravent) comme une violente pluie sur des vitres. Nous sommes couverts de sable sur la peau électrisée, sur la tête, dans les cheveux, dans les yeux, partout le corps, véritable silice avec la sueur. Les enfants sont tout de même venus à l'école comme d'habitude. Impossible d'écrire à l'encre ; pour lire les caractères du livre il faut constamment souffler sur le sable qui les recouvre. Des spasmes violents secouent la tente ; les enfants hurlent de joie et d'émotion en évoquant Dieu et son prophète : « La ilaha illah, Mohammed raçoul illah » pour conjurer le mauvais sort. Je me sens bien dans cette tourmente, ça redonne le goût de vivre. Je n'aurais jamais imaginé pouvoir faire la classe dans de pareilles conditions.

J'entends les moteurs de camions vrombissant à des dizaines de kilomètres sur la piste d'Agadès vers Tamanrasset. Les nomades sont béats d'admiration devant cette force mécanique, triomphante qui génère beaucoup d'argent, mais aussi l'aventure, la connaissance de mondes nouveaux, la puissance.
Le désert leur appartient désormais. Ce sont eux qui le traversent tous les jours, luttent dans le sable pour passer aux endroits difficiles, luttent contre les pierres, la chaleur, mais aussi contre la fluctuation des prix, la concurrence. Ils luttent âprement, mais fournissent au prix fort leurs produits aux nomades, aux citadins.
Celui qui part en voyage emporte toujours un peu du cœur de ceux qui restent. Celui qui part pour conquérir a toujours l'auréole du courage, de la force de la vie avec lui. Il est celui qui a l'audace de se mesurer avec l'inconnu et même s'il meurt, il lui restera toujours un peu de gloire.

La faim

Il est tard ce soir.

Bella est venu rodailler autour de ma tente ; il a vu un peu de lumière et a passé sa tête par dessous le pan de fermeture : « Je meure de faim, me dit-il en arabe, les chamelles ne sont pas rentrées ce soir. » Je lui donne ce qui me reste de lait après qu'il eut tenté de se servir lui-même en fouillant dans la vaisselle de ma cuisine suspendue au piquet de l'entrée pour éviter l'incursion des chiens encore plus affamés que les hommes.

Bella s'en va vers d'autres tentes, renifler ailleurs ce qu'il pourra encore récolter jusqu'à ce que la faim de ce soir enfin apaisée, il aille affronter le froid de la nuit, sérieux en ce moment.

Au Tamesna en 1953-54, rares étaient les tentes qui préparaient un repas chaud. Cette nourriture était réservée aux malades et quelquefois aux jeunes enfants. Tout le monde vivait uniquement de lait de chamelles, de lait de chèvres en petit nombre et pour quelques-uns, de lait de vaches. Les repas festifs lors du passage de l'aménokal et à l'occasion des fêtes et mariages restaient les rares moments où chacun pouvait se gaver de viande et de bouillie de mil. Arrivant impromptu devant la tente du vieux chef Irreguenatène Mamma, je le surpris en train de manger un plat de bouillie. Il s'excusa de ne pouvoir m'inviter en me disant que ce qu'il mangeait n'était point du mil.

« Mais alors, c'est quoi ce que tu manges ? lui répondis-je

– C'est de l'*afezou (Panicum turgidum)*.

– Mais je veux bien en goûter moi aussi ! » lui dis-je.

Sur ce, il me tend une cuiller et je découvre un mets très savoureux bien plus délicat qu'une bouillie ordinaire de mil ou de blé. C'est la révélation ! Les graines de cueillette, les aliments de survie en période de disette, sont ici un mets recherché par les gourmets qui en connaissent la valeur gustative et nourricière. Il nous faut réviser nos préjugés et considérations sur le fait que certains nomades n'ont guère besoin d'apports extérieurs quand ils ont la chance de pouvoir exploiter les ressources végétales naturelles de leurs territoires.

Fin de l'aventure nomade

Durant ces années de nomadisme, malgré la densité de mes travaux et occupations, j'arrivais à épargner quelques heures pour prendre des notes sur la vie de tous les jours, griffonner mes impressions sur la beauté des paysages, l'euphorie des couchers de soleil et lire surtout avec une résonance exceptionnelle la Bible, « les Sept Piliers de la sagesse » de Thomas Edward Lawrence et les œuvres de Nietzsche qui me fascinait particulièrement. J'achetais aussi selon mon budget quelques livres de Gide, Camus, Roblès, toujours fort cher chez Gallimard, éditeur attitré des grands auteurs. Mais je lisais aussi Proudhon, Bakounine, Jules Vallès et différents auteurs qui préconisaient l'anarchie comme système politique. Je m'abonnais au journal « Le Libertaire » et fréquentais le cercle anarchiste d'Alger. Au bout de quelques années, je dus me rendre à l'évidence : ces utopies ne m'apportaient rien de positif ; il me fallait découvrir et inventer ma propre vie.

De retour chez mes parents, je me jetais sur la consommation de tomates fraîches, d'oignons crus, d'omelettes aux pommes de terre et de tous les bons plats que ma mère préparait spécialement à mon intention. Car le plaisir le plus profond d'une mère méditerranéenne était, comme chacun sait, de nourrir son fils : « Monge, mon fils », disait-on à Oran avec l'accent de l'Afrique du Nord ! (confondant les an et les on). Mais ce régime, après mes aventures sahariennes, les retrouvailles d'amis qui n'avaient aucune idée du monde d'où je revenais et malgré les joies du bord de mer, tout cela ne me satisfaisait guère. Ce monde me paraissait trop figé, trop étriqué ; j'avais soif du grand large, je commençais vite à m'asphyxier et partais en France d'abord dans un voyage de camping pédestre dans les Alpes, de Chambéry à Genève, avec un camarade instituteur, puis seul à vélo dans les Pyrénées à partir de Toulouse, de Luchon vers Oléron et Biarritz

Mon cuisinier me raconte que chaque jour l'on m'apporte le lait d'une même chamelle qui m'a été consacrée dès mon arrivée. C'est une chamelle déjà éprouvée par plusieurs naissances, considérée comme un peu vieille. Car moi, l'étranger qui consomme d'autres aliments que ceux des nomades (aliments « échauffants » comme le piment), je pourrais tarir une jeune chamelle en consommant de son lait. Si l'on n'y prenait garde je pourrais ainsi donner le « mauvais œil » à tout le troupeau en buvant n'importe quel lait.

Tamesna 1953

Quel est donc ce démon de la connaissance, du savoir, qui s'empare de nous et ne nous laisse pas une minute de repos, pas une minute à ne pas penser, à ne pas se dire : tu dois faire ceci, cela, travailler, gagner, apprendre, ne pas laisser courir le temps sans avoir tirer encore une pierre de plus à toi. Quelle est donc cette soif douloureuse, jamais étanchée qui nous accable comme un perpétuel aiguillon, un ordre, un devoir, une menace ? Quelle est cette force qui nous impose l'impérieux devoir de travailler pour soi et pour les autres ; travailler, avancer, sans cesse, sans mesurer à l'aune les résultats recherchés, quelle est cette voix qui dit : « Va, va, marche, marche ! Il faut marcher ! »

Pour un nomade, déménager n'est pas seulement la recherche de nouveaux pâturages, c'est aussi s'installer dans un lieu nouveau et propre sur un beau sable blanc entouré de verts pâturages chargés d'un nouveau dynamisme. C'est un plaisir équivalent à la volupté qu'on éprouve à se glisser dans un lit de draps tout frais sortis d'une armoire et sentant la bonne lessive. Ce transport vers des éléments purs, vierges de contacts humains, est régénérateur, apaise la fatigue d'une journée, renouvelle l'esprit. C'est aussi l'espoir d'une vie meilleure, plus riche, plus dynamique.
Les nomades aiment bien bouger pour satisfaire les besoins de leurs animaux, mais aussi pour eux-mêmes. Ils abandonnent un lieu pollué d'immondices humaines, de cendres de foyers de vieux os et de détritus, sans compter les aires de repos quotidien des animaux, couvertes de crottes, d'urine et de mouches, devenues pestilentielles et insupportables. L'on se débarrasse de cette vieille enveloppe, de ses mauvais souvenirs, pour aller vers un nouveau site qu'on espère toujours meilleur.

(où je campais sur l'immense plage appelée « La chambre d'amour »). C'était l'époque euphorique des « Auberges de jeunesse » qui offraient des gîtes très bon marché aux jeunes gens pourvus de leur carte d'adhérent et qui permettaient un brassage extraordinaire de la jeunesse française et européenne. Je fréquentais les Auberges de jeunesse de la Porte d'Orléans et celle de Suresnes où je campais aux portes de Paris. Ma demande de participation au congrès international de la jeunesse à Budapest en 1951 me fit connaître la Ligue française de l'Enseignement, située à l'époque rue Récamier, tout près du métro Sèvres-Babylone.
Après avoir tenté des « petits boulots » comme celui de collecter porte à porte les papiers journaux que les grandes usines rachetaient pour les recycler, je découvris les activités de la Ligue française de l'Enseignement et de sa section de Tourisme culturel dont la conception philosophique et sociale était en train de naître et de s'élaborer, grâce en particulier à l'activité et à l'intelligence des deux responsables qu'étaient Roger Ballossier et Charly Durez.

Je ne pus aller à Budapest faute de place, et l'on m'envoya, avec un groupe de touristes français, en Tchécoslovaquie. J'en revins avec un sentiment plutôt circonspect sur le régime communiste imposé à ce pays où, malgré les accueils officiels dont nous fûmes les objets, l'on constatait que l'on ne pouvait manger nulle part à sa faim et que tous les cent mètres, dans les rues de Prague, des haut-parleurs diffusaient en continu de la propagande communiste. Le service du tourisme culturel de la Ligue (et qui s'appelait le CLTC, Centre Laïque du Tourisme Culturel) employait beaucoup de jeunes gens pour satisfaire toutes sortes de tâches et en particulier, pour les plus débrouillards, d'accompagner les nombreux groupes de voyageurs qui partaient chaque été en Bretagne, dans les Alpes, en Corse et sur la Côte d'Azur, mais aussi en Italie, en Grèce (mais pas en Espagne à cause du régime de Franco), dans les pays scandinaves et bien d'autres pays. Je fus donc tout naturellement sollicité, puisque j'étais dispo-

Repos contrarié

Impossible de rester en paix sur la dune. À tout instant des *Khanfous (Pimalia)* viennent butter contre mon corps, sur mes pieds, contre mes bras. Ils viennent interroger cette nouvelle espèce sur leur territoire et s'enquérir de sa valeur alimentaire. Ils cognent, fourbillent, creusent, n'ont de cesse que quand je leur administre un furieux coup d'index, les balançant à quelques pas de là, hébétés et confus, gisant un moment sur le dos, les pattes raidies, puis s'agitant vigoureusement pour retrouver leur équilibre. Les plus heureux qui n'ont pas été renversés, piquent du nez la tête en bas, comme vexés, le train arrière relevé, restant un moment dans cette position avant de repartir de plus belle vers une nouvelle chasse, laissant derrière eux sur le sable vierge ce petit chenillement, quadrillant le sein velouté de la dune de mystérieux itinéraires qu'un artiste d'art abstrait envierait.

Nostalgie

Le reg nu devant moi
Quelques langues de verdure l'agrémentent du côté du soleil couchant sur la dune. Des traces de gerboises sinueuses et rythmées comme un menuet sur le sable pur ; un troupeau de chamelles qui pâturent et beuglent sourdement appellent leurs chamelons. Calme, calme, apaisante cette fin de journée.
Et pourtant occupé à tous les moments, de l'aurore au coucher du soleil, malgré une activité maximale, je n'éprouve pas la plénitude d'une journée parfaitement remplie. L'inquiétude demeure.
Le ciel bleu, bleu pastel, est bon à regarder comme les yeux d'une vierge.
Seules quelques bandes laiteuses à l'horizon se fondent dans un soupçon de rose.
R'quilla est venue me voir nue sous son voile indigo, la blancheur de ses seins apparaissait dans l'échancrure de sa tunique au moindre de ses mouvements. Les Touaregs m'avaient prévenu : « Si tu n'as pas de femme au Sahara, tu deviendras fou ! »

nible durant plusieurs mois, plein d'énergie et toujours curieux de nouvelles découvertes. Les accompagnements, qui consistaient à faire respecter les programmes par l'organisme nous accueillant, faire viser les passeports, répartir les chambres à chaque étape, et parer à tout besoin de dépense extraordinaire : pourboires, accident, etc., étaient gratuits. Se cultiver en voyageant gratuitement était pour moi une découverte merveilleuse, car je n'aurais jamais eu les budgets nécessaires à de pareilles aventures (je n'avais toujours que très peu d'argent car je consacrais un tiers, voire la moitié de mon salaire, au remboursement d'un emprunt financier, dans lequel ma sœur m'avait entraîné, pour faire construire une maison permettant à nos parents de se loger après la retraite agricole de mon père, laquelle était dérisoire).

Je visitais ainsi le Danemark, la Suède, la Norvège jusqu'au Cap nord, l'Italie (Rome, Naples et Venise) la Côte d'Azur avec des guides culturels français ou du pays, de grande qualité, qui nous faisaient découvrir avec passion l'architecture des monuments historiques, l'art et l'histoire des pays visités, et connaître les populations locales avec leurs différences et leurs coutumes. L'ambiance de ces voyages était très gaie, l'on y chantait beaucoup, les jeunes y étaient majoritaires.
En sorte que j'avais trois vies : chez mes parents où j'étais toujours le « petit Marceau » perçu comme « original », un peu fou ! celle de mon métier d'instituteur au Sahara et celle de ma vie parisienne et voyageuse aux antipodes de ma vie de moine saharien. Quand je racontais cette vie saharienne à mes amis de Paris, ils riaient beaucoup et ne me croyaient guère, à tel point qu'en février 1956, date célèbre marquée par le voyage désastreux de Guy Mollet à Alger, Charly Durez décida de venir me faire une visite à Tamanrasset avec quelques copains pour envisager avec mon concours, l'organisation de voyages dans le Hoggar. À cette époque, seul le Touring Club français commençait à proposer des programmes de voyages sahariens en automobiles, à pied et à chameau. J'étais tout disposé à participer à ces projets et à

Tamesna décembre 53

Heures lentes à passer l'après-midi au désert
à ne rien dire, rien à se dire
Le thé même n'apporte rien
Sinon le menu plaisir
de se sentir nourri.
Les heures lentes
Dans le désert
Sont monotones
Sous le soleil
toujours pareil à lui-même
Dans le désert
Toujours désert
Des troupeaux de gazelles
Des troupeaux de chamelles
De graves chevaliers
Sortis d'un autre siècle
Quelles nouvelles ?
Quelles nouvelles ?
Rien que le Bien
Rien que le Bien !

Et puis un jour
Le vent se lève
L'on déménage
Les pâturages
Dans les parages
ne sont pas gras
Tout près d'ici
Est née une forêt
Une vraie forêt
De tamadjé
Serait-ce vrai ?
Allons goûter
Ce nouveau pré
Ce nouveau lait
De prospérité.

utiliser toutes les compétences de mes amis sahariens. Mais l'aggravation de la révolte algérienne depuis 1954 et mon départ du Hoggar en mai 1956 mirent fin à ces projets restés en suspens, puis devenus totalement impossibles.

Je rêvais d'acquérir une moto BMW (de 250 cm^3) pour partir seul à l'aventure. Ce rêve se concrétisa durant l'été 1954 et, après avoir passé mon permis moto, je partis à l'insu de ma mère, faire le tour du Maroc par le Sud, remonter par l'Espagne vers Marseille et Paris, malgré la grande fatigue physique que j'éprouvais encore au retour du Tamesna.

J'avais des cousins à Meknès et Casablanca qui me permirent de me reposer un peu en famille. Arrivé à Paris en juillet, je revendis ma belle moto très facilement, car cette conduite sportive m'épuisait et que je m'étais juré de n'avoir point d'accident (pour échapper surtout aux prédictions pessimistes de ma mère).

Après un très beau voyage sur les lacs italiens, à Venise, Rome et Naples, je revins chez mes parents au mois de septembre pour me reposer et me préparer à repartir à Tamanrasset. Je n'avais pas l'intention de faire une longue carrière dans l'enseignement et envisageais déjà différentes perspectives : l'inspectorat ? l'Unesco, en me spécialisant dans ce que l'on appelait à cette époque, l'« éducation de base » ; m'intégrer dans l'organisation de voyages en tant que détaché de l'enseignement, etc. Mon avenir me paraissait incertain et j'étais de surcroît l'objet de stratégies matrimoniales quasiment obsédantes de la part de tous mes parents, alliés et amis, qui considéraient que j'étais un « bon parti », malgré mon caractère indépendant et souvent révolté. J'avais vingt-six ans et mon entourage commençait à trouver suspect mon statut de célibataire. Mon désir de fuir n'en était que plus grand.

À Tamanrasset, je louais une petite maison, en moellons de boue séchée, à un Saharien aventureux, ancien sous-officier méhariste, qui avait tenté l'aventure en vendant des tomates séchées à Djanet et au Niger par caravane, avait une femme, une maison et un jardin de fruits et légumes à Tazrouk, situé à environ cent kilomètres au nord-est de Tamanrasset.

Nostalgie

Nuit bleue
Nuit blanche
Nuit noire
Nuit de vent
Nuit de froid
Nuit de glace
Nuit étoilée
Nuit couverte
Nuit d'hiver
Nuit d'été
Nuit de rêve
Nuit de crève
Nuit bleue, nuit blanche, nuit noire,
Les nuits succèdent aux nuits
Le temps toujours le temps
La vie toujours la vie
Une lumière perdue dans le noir
La lumière toujours plus loin
L'espoir toujours plus haut
Et Dieu toujours plus grand.
Et nous les hommes, ces anges déchus
Ces nains d'esprit, d'orgueil géants
Nous les hommes, pauvres hommes
Pauvres bougres, à peine un souffle
Et puis plus rien
À d'autres le chemin
À d'autres les chiens, les chansons et les chaînes
Demain sera meilleur
Après-demain qui sait ?
Peut-être rien
N'y pensons plus
Laissons le temps au temps
La nuit aux étoiles
La lumière au soleil
Et la puissance à Dieu.

26/1/53

Noël Piloz, originaire de l'Isère, était un homme de caractère, avec ses yeux bleu pervenche, sa moustache en croc et son franc-parler, dur à la peine, qui venait à Tamanrasset fièrement monté sur sa jument noire et dont le spectacle caracolant faisait verdir de jalousie son ancien collègue sous-officier devenu capitaine, et chef d'annexe à Tamanrasset. J'aimais beaucoup Noël Piloz qui me racontait souvent ses aventures sahariennes dans le petit réduit qui me servait de chambre à coucher (sur un sol de sable fin recouvert d'un tapis), de bureau de travail et de salle d'accueil. Une cour intérieure avec un figuier, un cabinet saharien et un puits où tout le quartier venait puiser de l'eau, agrémentaient mon horizon. Une pièce indépendante plus grande après un coin cuisine me permettait d'accueillir mes collègues nomades et mes invités.

Ayant gardé la mentalité des nomades, j'accueillais dans cette maison toutes sortes de gens : nomades de passage, collègues de travail, Français en résidence à Tamanrasset, et même quelquefois certains touristes (attitude hospitalière qui inquiétait le chef d'annexe, lequel me faisait espionner par ses sbires qu'on appelait vulgairement en arabe des *qawed*, c'est-à-dire « délateurs »). Les instituteurs célibataires s'étaient associés à ceux de l'observatoire de la physique du globe et à quelques techniciens radios du service des STS (Service de Télécommunication et de Signalisation) et de la météorologie, pour organiser dans un local de l'observatoire, une popote avec un cuisinier, un responsable des achats et menus qui changeait selon les disponibilités de chacun. Car l'unique restaurant de l'« hôtel de l'Aménokal », tenu par le fameux Jeannot, nous coûtait beaucoup plus cher. Par ailleurs, l'avion de ravitaillement des radios appelé le SGACC (Secrétariat Général de l'Aviation Civile et Commerciale) apportait directement d'Alger des produits frais, une fois par semaine, réservés aux employés et aux familles de ces services et dont nous profitions aussi. Car il n'y avait guère, durant les années cinquante, de grands choix dans les boutiques de ravitaillement à Tamanrasset ; sinon les

Apprends-moi les chiffres

Le soleil n'est pas encore apparu à l'horizon que le petit Mohamed est déjà là, devant ma natte-paravent :
« Que veux-tu ?
- Je viens à l'école. Avant de partir apprends-moi les nombres après 20 et les autres ! »
Car ma méthode pédagogique consistait à bien apprendre, durant les trois premiers mois de cours préparatoire, les quatre opérations en les limitant au chiffre 20. Une fois ces mécanismes bien acquis, la suite devenait facile et très rapide. Le calcul et les chiffres passionnaient les enfants avides de posséder le redoutable savoir de compter et d'écrire parmi une population quasi analphabète.

Au Tamesna

Même à l'aube, de très grand matin, le feu à peine allumé, je n'ai pas le loisir d'avoir assez de place pour étendre mes mains vers les flammes : les enfants sont là pour partager ma vie.
Si l'on ne se glisse pas avant l'aube dans la pénombre pour s'isoler chaque matin derrière une touffe protectrice, il vous faudra alors marcher des kilomètres pour ne pas avoir le déplaisir d'être déranger par une silhouette bleue à la recherche d'une chamelle qui manque au départ du troupeau.

Seul sur la dune déjà sombre, je suis venu faire ma cure quotidienne de silence. Le sifflement pointu du « moula-moula » (traquet) semble me supplier. La touffe de *Schouwia* derrière laquelle je m'abrite s'émeut et tremblote sous la brise infime ; ses feuilles se grattent, se racontent des tas de nouvelles dans ce pays sans nouvelles. Plus de *Khanfous* qui n'ont laissé que leurs traces de train à crémaillère pour regagner leur HLM sur le flanc de la dune.
Je vais retourner sous ma tente pour affronter à nouveau le flot des demandes quotidiennes : thé, sucre, café, piment, médicaments, etc. Je veux rester calme, patient, éduquer, conseiller, égal avec les bons et les mauvais pour leur apprendre à me respecter et comprendre ma tâche.
Quel travail d'apôtre !

quelques produits essentiels ramenés à grands frais par deux ou trois commerçants qui assuraient eux-mêmes leurs transports. L'intendance militaire accordait aux instituteurs la faveur exceptionnelle de se ravitailler aux magasins de la compagnie en produits de base (huile, pâtes, sucre, thé, bougies et carbure) à des prix détaxés. La communauté de joyeux célibataires que nous formions était perçue avec une certaine réserve par les couples mariés (civils ou militaires), car les risques d'aventures sous ce climat saharien étaient toujours latents. Quelques scandales notoires défrayaient parfois la chronique cancanière de Tamanrasset dont la population européenne ne dépassait guère cent individus. La vie à Tamanrasset durant cette époque était tout à fait folklorique. L'on voyait défiler toutes sortes de personnages plus ou moins célèbres ou farfelus, aventuriers désargentés ou parasites que le chef d'Annexe finissait parfois par expulser.

« Le cabochon rose » (1952/53)

Durant mes séjours transitoires à Tamanrasset, j'avais loué une petite maison entièrement construite en moellons de terre séchée (appelés *toub* au Sahara, *adobe* en Espagne et en France) dont les murs extérieurs étaient embellis d'une couche de terre colorée qui donnait une teinte rosâtre à l'ensemble. Mademoiselle Mouchan, ancienne infirmière militaire à la retraite, et personnalité remarquable à cette époque, en était la propriétaire. Esprit original très « vieille France », à la fois utopique et généreuse, mademoiselle Mouchan avait surnommé avec grandiloquence cette maison le « Cabochon rose ». Il n'y avait guère d'amateurs pour l'habiter, car elle nécessitait de constantes réparations et se situait loin du centre du village, à environ huit cents mètres en direction de l'Adériane à l'est ; certains la disaient hantée de par son isolement au bout d'un long chemin désert. Je ne craignais ni les « jnouns », ni l'isolement, j'avais seulement besoin d'un lieu où poser mes bagages et me reposer. Arrivant à la fin du mois de septembre 1952, après une journée d'avion par un temps lourd et orageux, je m'allongeais sur le bâti en nervures de palmes qui servait de lit au milieu d'une pièce poussiéreuse que personne n'avait nettoyée. J'épiais les sonorités de la nuit, d'éventuels bruits et pas sur le gravier de l'entrée. Mais je n'avais comme visiteurs qu'une troupe de petits rats fauve clair qui visitaient toutes les pièces en laissant de multiples traces de leurs pattes griffues sur le sable.

Curieux de connaître ce nouveau matériau installé sur le lit, ils s'approchaient d'abord timidement de moi, puis avec un sans-gêne audacieux après avoir constaté mon absence d'hostilité, ils passaient sur mes pieds nus, effleuraient ma tête, et touchaient mes mains. Je trouvais ces visites très amusantes et le petit galop de mes pensionnaires bien sympathique, car il peuplait le grand silence de mon environnement. Mais l'audace appelle l'audace. L'un de mes pensionnaires fut séduit par l'individualité remarquable de mes doigts de pieds, remuant tels des appas. Un autre voulu s'attaquer à mes oreilles, un troisième découvrit que la chair tendre entre les doigts de ma main et celle du pouce pouvait être consommable. Rallumant ma lampe à carbure, unique moyen d'éclairage à cette époque avec la fameuse « lampe tempête » à pétrole, j'essayais en vain de frapper ces petits animaux à l'aide de ma sandale. Mais de guerre lasse et décidé à trouver le repos, je renversais sur le large trou d'où ils sortaient tous, ma boîte de réserve de pierres de carbure, lestée d'une grosse pierre pour les empester de ses émanations nocives. Je pus ainsi échapper à la dévoration de ces petites bêtes en me disant que si j'avais été malade ou impotent, j'aurais pu être « cadavéré » comme disent les Africains.

L'école à Tamanrasset en 1955 et 1956

Je m'attelais donc en octobre 1954 à mes nouvelles tâches d'enseignant dans une classe d'une trentaine d'élèves de toutes origines, du niveau cours élémentaire et cours moyen, et qui avaient en moyenne déjà deux à trois ans d'école. Le directeur et sa femme me voyaient arriver avec satisfaction (car j'étais crédité alors de dynamisme et de savoir-faire pédagogique) et prévoyaient déjà de se défaire des élèves qui leur demandaient quelques efforts (en particulier européens). Grâce aux bons de l'Unesco envoyés par les écoles de France, j'équipais l'école de deux imprimeries scolaires conçues par Célestin Freinet et de limographes, j'achetais de belles gouaches en poudre Pébéo, du papier à dessin de grand format, des pinceaux, des ramettes de papier à imprimer et tout le matériel qui m'était nécessaire pour faire de ma classe un véritable atelier.

J'avais découvert deux ouvrages remarquables conçus par des instituteurs du Maroc « Frêté et Magne », qui présentaient une progression didactique pour apprendre le français par ce qu'on appelait « la méthode directe ». Les petites scènes à mimer permettaient d'intégrer les jeunes élèves dans des situations réelles avec un vocabulaire qu'ils assimilaient très vite (je me lève, je m'assois, j'ouvre la porte, etc.). Il fallait cependant être très rigoureux sur la prononciation et les conjugaisons pour passer ensuite à l'écriture des lettres et à l'orthographe des mots à retenir. Par ailleurs, l'acquisition d'un gros magnétophone nous permettait d'enregistrer des chants traditionnels locaux avec les enfants et de produire pour la CEL (de Freinet) des disques 45 tours et des petits livrets appelés « Bibliothèque de travail » (B.T. sonores et B.T. ordinaires) diffusés dans toute la France. Avec le créateur et animateur de cette bibliothèque de travail sonore qui était Pierre Guérin à l'école de Troyes, nous avons ainsi réalisé plusieurs ensembles pédagogiques qui comportaient dans un emballage spécifique douze vues diapositives (24 x 36 cm), un livret de commentaires et un disque microsillon de 45 tours. Plus tard ce disque fut remplacé par une cassette de magnétophone.

Les élèves, habitués à une ambiance silencieuse et figée, à un rythme lent et pesant, où les plus vifs et intelligents s'ennuyaient à attendre les moins doués, découvraient tout d'un coup une liberté et une rapidité qu'ils n'avaient jamais connues. Car le régime quotidien d'un enfant de Tamanrasset était surchargé.

Levés avec leurs parents à l'aube au moment de la prière du matin vers 5 h 30, ils buvaient un verre ou deux de thé léger. Ils partaient immédiatement ensuite à l'école coranique durant une heure et demie environ. De retour entre 7 h 30 et 8 heures, ils revenaient chez eux manger un morceau de pain avec du fromage pour les plus aisés, ou des dattes. À 8 heures, ils entraient à l'école publique en langue française. Ils grignotaient encore à la récréation de 10 heures, des dattes ou des bonbons emportés dans leurs poches. Dans l'interclasse entre 11 et 13 heures ils déjeunaient avec leurs parents, faisaient la prière de la méridienne (*douhor*), pour retourner à l'école entre 13 et 14 heures jusqu'à 16 ou 17 heures (selon la saison). À la sortie de l'école, ils retournaient vers leur domicile pour grignoter encore quelques dattes, faire la prière du Maghreb et retrouver une deuxième fois l'école coranique jusqu'à la nuit, vers 19 h 30. Après le souper et la prière de l'*aâcha*, ils pouvaient enfin aller dormir, recrus de fatigue. Les parents, et en particulier les commerçants, tenaient à voir leurs enfants occupés et s'instruire pour maintenir leur autorité sur leur éducation et les soustraire aux

bandes de gamins espiègles et parfois dévoyés, qui commençaient à naître dans certains quartiers.
Les enfants des familles les plus pauvres n'étaient pas aussi bien nourris que ceux des commerçants, et appréciaient les repas de la cantine scolaire à midi (quand celle-ci fonctionnait !). Il me fallait donc occuper trois ou quatre groupes d'enfants de niveaux différents (comme dans une « classe unique ») en leur offrant mon attention à tour de rôle. La gestion d'une pareille classe demande de la part du maître une tension permanente, une grande énergie et de longues et minutieuses préparations sur fiches pédagogiques des moindres détails pouvant assurer une progression efficace en lecture, langage, vocabulaire, orthographe et calcul. Par chance, la plupart de ces élèves avaient soif d'apprendre, de découvrir le monde moderne et de participer à la gestion des affaires de leurs parents qui avaient des difficultés à lire et à compter en demandant aide et conseils à leurs enfants.

Les ouvertures que j'offrais dans mon approche pédagogique en plus des techniques de base avaient donc chez eux une grande résonance : savoir écrire une lettre à un correspondant ou à l'administration, envoyer un colis et un pli recommandé, établir un cahier de comptes, faire des règles de trois pour évaluer des prix en fonction des quantités, gérer la coopérative scolaire, diriger une petite assemblée, entrer ainsi dans la vie active en découvrant ce dont on ne parlait guère aux enfants à cette époque ; découvrir l'histoire et la géographie de son pays, de sa région, etc. Et enfin, leur accorder de vrais loisirs : dessiner, peindre, raconter en français des anecdotes du pays, des histoires imaginaires, mimer des fables et des petites comédies, chanter, jouer au ballon et faire de la gymnastique. La classe devenait une ruche laborieuse et bruissante de vie et de découvertes. Le petit journal où les meilleurs textes apparaissaient en caractères d'imprimerie devenait avec les beaux dessins la grande fierté de la classe. Chaque élève avait ainsi deux ou trois correspondants personnels.

Hoggar
L'ADRIANE
Journal Scolaire mensuel
Cours Elémentaire
TAMANRASSET
(Territoires des Oasis.)
ALGÉRIE

Kadda ben héri a offert le couscous hier soir à l'école coranique ; parce qu'il apprend maintenant la sourate de l'offrande.
—Pourquoi nous ne mangeons pas le couscous à l'école? ont dit les élèves.
—D'accord a dit le maître, si vous apportez le couscous j'achéterai la viande.

Kadda ben héri

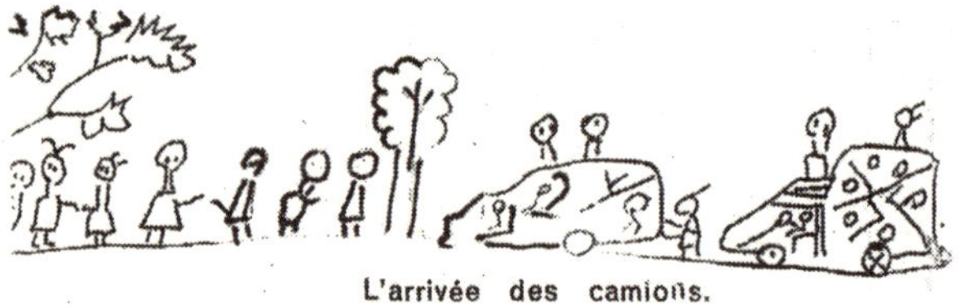

L'arrivée des camions.

Hier cinq camions sont arrivés d'Alger ,ils étaient chargés à bloc , ils marchaient en cahotant. le policier a demandé la carte d'identité des voyageurs , et le carnet de bord du camion.
Le père d'Amar et de ChiKh est arrivé à minuit , et aussi le père d'Aïssa avec un de ses parents. ben Kadda était joyeux.

Toute la classe.

les bicyclettes

Touts les enfants aiment monter à bicyclette.

Nous voulons acheter une bicyclette

à la coopérative pour louer aux enfants

nous gagnerons beaucoup d'argent.

Brahim sera le trésorier et ben Amara

le mécanicien.

Kadda nous a dit :« moi, je vends ma bicyclette.»

—combien?

—quatre millions!

C'était Mohamed, voyant son dessin affiché parmi les plus beaux, qui sautait de joie, criant : « M'sieu, je suis plus un « brouti » (abruti, terme qu'employait constamment le directeur). Venez, venez tous voir mon dessin ! » Il découvrait avec une joie frénétique et une fierté émouvante qu'il était capable de quelque chose, qu'il avait franchi le mur opaque des préjugés raciaux à son égard, car il était plutôt basané, issu d'une famille très pauvre et considéré toujours avec dérision. Atteindre la dignité par le savoir et la compétence, arriver à une reconnaissance sociale, était une grande récompense à la fois pour les élèves mais aussi pour le maître. Ces enfants comprenaient d'emblée que je n'avais pas de préjugés, que je les considérais tous avec sympathie et que mon désir de leur apprendre ce dont ils avaient besoin était sincère. Mais telle n'était pas l'opinion des parents des petits Français, filles et garçons, qu'on avait transférés dans ma classe. Ayant choisi le livre d'histoire de Max Marchand (inspecteur d'académie, directeur des Centres sociaux éducatifs qui croyait à une Algérie fraternelle, assassiné par un commando OAS le 15 mars 1962 à Château Royal, Ben Aknoun, avec cinq autres collègues), qui présentait en parallèle une page de l'histoire de l'Algérie par rapport à celle de la France durant les mêmes époques, les mères des trois petites filles gâtées qui voulaient des cours particuliers, protestèrent en disant que leurs enfants perdaient du temps à apprendre l'histoire de l'Algérie et que celle-ci ne les intéressait pas du tout. Je passais en conséquence dans « le camp des ennemis » et ceux qui m'avaient précédemment encensé (le directeur et sa femme en particulier) me dénigrèrent alors à qui mieux mieux.

Je découvrais tous les jours d'importants dysfonctionnements dans la gestion de cette école. Je me suis expliqué à ce sujet dans un article : « L'école nomade au Hoggar : une drôle d'histoire » (*Revue du Monde musulman et de la Méditerranée,* 1990, n° 57, p. 99-111).

Cependant, la Providence décida de mon sort au moment même où je cherchais à m'en aller. Je ne sais comment, une

dame que je ne connaissais pas demanda à me voir pour discuter de mon travail d'enseignant dans ce pays et de mes expériences pédagogiques. Elle semblait apprécier mon point de vue social et pédagogique, et l'heure du repas arrivant, je lui proposais de partager à terre dans ma petite chambre quelques radis et le plat de pâtes que je consommais ce jour-là dans une petite bassine émaillée. Cette dame me dit : « Je m'appelle Germaine Tillion et je viens de créer avec le gouverneur général Jacques Soustelle, le Service des Centres sociaux à Alger. Nous avons grand besoin d'enseignants comme vous, avec votre expérience, pour accomplir les tâches d'éducation de base, d'alphabétisation et d'apprentissage qui devraient permettre aux Algériens une meilleure insertion dans la société moderne. Écrivez de ma part à monsieur Charles Aguesse, le directeur des Centres sociaux, et demandez votre détachement dans ce service à votre académie. »
L'occasion m'était trop belle pour exiger des délais de réflexion. J'écrivais donc à ce directeur en lui demandant des renseignements complémentaires et en souhaitant une formation spécifique pour me préparer à ces nouvelles tâches. Il me répondit qu'il devait envoyer justement, durant trois mois, une équipe d'une dizaine de personnes à l'école normale de Saint-Cloud près de Paris, pour suivre une formation aux techniques audiovisuelles (radio, cinéma, publicité, etc.) devant contribuer à faciliter notre travail d'éducateurs. Je pouvais rejoindre cette équipe dès mon retour. Je me préparais donc, dès la fin avril, à quitter Tamanrasset après une petite fête avec mes élèves où tout le monde participa à la confection d'un bon repas de couscous et de viande.

Un autre volet de ma vie commença alors. Je quittais le calme apparent d'une vie saharienne riche, féconde en expérience intérieure où tout le monde se connaissait, pour aborder une Algérie du Nord en pleine effervescence et où la violence grandissante allait atteindre des sommets que personne n'avait pu prévoir.

L'aventure des Centres Sociaux éducatifs

Mon recrutement dans les centres sociaux correspondait donc à un profond besoin de changement professionnel, au désir d'échapper au système dans lequel je me trouvais enfermé en fuyant vers de nouveaux horizons, fussent-ils difficiles et périlleux. Je sentais bouillir en moi un formidable besoin d'action, une énergie capable d'affronter toutes les situations avec audace et générosité. Cet élan correspondait aussi à un désir de stabilité et à celui de fonder une famille.
Durant mon stage à Saint-Cloud, nous avions décidé avec ma future épouse, originaire de Saint-Germain-en-Laye, de nous marier en juillet, après les accords de nos familles et ce, malgré l'horizon menaçant de la guerre d'Algérie en 1956.

Nous arrivâmes à Alger en septembre 1956 pour nous installer dans notre villa de Baïnem-Falaises au bord de la mer à neuf kilomètres à l'ouest d'Alger.
Nous ne connaissions pas grand-chose de cette guerre d'Algérie, sinon les opinions péremptoires ou violentes de nos voisins dans notre quartier et les informations partisanes des journaux algérois. Mes parents déploraient cette situation et, pour l'heure, n'avaient pas à en souffrir directement, car durant toute la guerre d'Algérie, il n'y eut jamais aucun attentat dans le domaine de La Trappe d'Henri Borgeaud. L'harmonie et les bonnes relations demeuraient avec tous les ouvriers musulmans qui, visiblement, avaient des consignes politiques régissant leur attitude dans ce domaine.

Les séminaires qui nous avaient été prodigués à Saint-Cloud par des spécialistes de la radio, du cinéma et de la télévision, nous avaient quelque peu ouvert des horizons et nous faisions déjà de grands projets, audacieux et naïfs, à la mesure des utopies qui allaient guider nos actions. Le choix des stagiaires destinés à devenir de futurs « leaders » était assez hétérogène quant à leur origine professionnelle : infirmières et aides-soignantes, instituteurs, réalisatrices d'émissions radio, journalistes, agriculteurs, administratifs et diverses autres professions. Les niveaux de savoir et de pratique des moyens audiovisuels étaient très différents selon les individus. Mon expérience pédagogique acquise au sein du mouvement Freinet me permettait de mieux comprendre et d'imaginer quels partis l'on pourrait tirer des moyens mis à notre disposition pour pratiquer une éducation accélérée à l'usage d'adolescents et d'adultes.
Cependant, toutes réflexions sur les plans de nos actions à mener faisaient l'objet de longues réunions avec notre chef de service M. Charles Aguesse, ses proches collaborateurs (inspecteurs, inspectrices, chefs de services), les directeurs des centres sociaux régionaux et l'équipe chargée de réaliser des « campagnes d'éducation » sur les thèmes prioritaires dûment définis. Ces réunions présidées par monsieur Aguesse se révélaient d'une qualité exceptionnelle quant à la mise en œuvre d'une conception démocratique de la société algérienne, de la recherche de solutions dignes et efficaces, de la cohabitation entre des individus issus de tous les milieux et dans des conditions matérielles, psychologiques, politiques, économiques le plus souvent exécrables, sinon épouvantables. Apporter des actions d'assistance et d'entraide, de paix et de générosité au milieu des bidonvilles urbains (comme celui de la cité Mahieddine à Belcour ou Bel Air à Maison Carrée) en pleine guerre d'Algérie, relevait du sacerdoce ou de l'inconscience. Car d'un côté, l'armée française suspectait en bloc tous les membres des centres sociaux d'être des agents du FLN (Front de Libération Nationale), de l'autre, le FLN redoutait que ces actions de fraternité franco-

algériennne ne deviennent une troisième force qui contrecarre leur mainmise sur les populations algériennes soumises à leurs violentes actions. Il n'eut pas fallu que le général de la Bollardière (démissionnaire de l'armée, désapprouvant les tortures) trouve de nombreux adeptes chez les civils et les militaires, car le FLN aurait été complètement marginalisé et l'armée française aurait perdu ses pleins pouvoirs. Si les centres de soins et d'éducation dirigés par les Centres Sociaux existaient encore dans des lieux réputés très difficiles, c'était grâce au soutien de la population locale, à la confiance qu'avaient acquise les agents des centres, et à l'entente tacite qui régnait de part et d'autre. Les tenants et revanchards de l'Algérie française n'apparaissaient pas dans les Centres Sociaux ; les consignes de fraternité et de tolérance prévalaient par-dessus la diversité des opinions des individus. Cet équilibre, certes fragile, était dû essentiellement à la forte personnalité morale de Charles Aguesse qui opérait auprès de tous ceux qui l'approchaient un véritable état de grâce, un climat de confiance et d'espoir en des moments tragiques où chacun pouvait désespérer de l'avenir. Ceci exaspérait les militaires français, et leurs services psychologiques, les services des renseignements généraux, la DST, qui cherchaient tous les prétextes pour casser l'esprit de ce service qu'ils ne maîtrisaient pas, en l'accusant de connivence avec le FLN et de trahison à l'égard de la France. Plusieurs agents des Centres Sociaux furent arrêtés, accusés d'être des « Libéraux », vocable créé de toutes pièces par les médias pour faire croire à un réseau organisé. Certains furent torturés et longuement emprisonnés ; car même si ces délits d'opinion n'aboutissaient à aucune preuve de subversion, le but était de jeter l'anathème et la suspicion sur tous ceux qui croyaient à un avenir fraternel possible sans domination par la force d'où qu'elle vienne. Les militaires décidèrent alors de créer leurs propres centres sociaux appelés « CAS », Centres d'Action sociale, qui faisaient, avec le concours des appelés du contingent, le même travail que les Centres Sociaux éducatifs. Je fus nommé responsable du centre de formation audiovisuel dans des bâtiments préfabriqués situés près du « Centre d'éducation populaire » nommé El Riath, dans la campagne au-dessus d'Alger, tout proche du village de Tixeraïne. Cet ensemble comportait un laboratoire de photographie, un studio d'enregistrements sonores, un petit studio de cinéma pour tourner des films éducatifs et deux grandes salles de dessins produisant des affiches éducatives en sérigraphie, des illustrations de petits ouvrages sur les thèmes de nos « campagnes », un secrétariat et deux voitures de service. L'ensemble occupait douze à dix-huit personnes selon nos besoins. Les dessinatrices (issues de l'école des Beaux-Arts), les photographes, le preneur de sons ainsi qu'une collègue cinéaste, devinrent très vite d'excellents professionnels auxquels l'on pouvait demander toutes sortes de réalisations originales. J'engageais occasionnellement des chanteuses et chanteurs algériens pour accompagner nos émissions en langue arabe (quelque trois cents émissions éducatives) diffusées par *Radio-Alger* et qui furent très appréciées à un moment où ce genre était plutôt rare ; car les artistes algériens refusaient de se compromettre avec les pouvoirs militaires mais acceptaient volontiers de collaborer avec les Centres Sociaux. Des scènes de théâtre furent créées dans des hôpitaux psychiatriques et autres établissements ; des conférences culturelles en français et en arabe eurent lieu dans plusieurs centres, le soir devant un public avide de culture et d'ouvertures sur le monde, qui comprenait que là on ne cherchait pas à l'embrigader. Mais la pression de nos détracteurs se faisait de plus en plus forte. La visite de Michel Debré dans les Centres Sociaux (Premier ministre à cette époque), révéla la mise en accusation quasi officielle de M. Aguesse qui vit avec tristesse le non renouvellement de sa mission au début de l'été 1959. Le départ de cet homme qui polarisait unanimement notre estime, notre affection et la dynamique de tous nos espoirs, fut ressenti comme une brisure, une injustice, avec une immense tristesse. C'était aussi l'exemple de notre utopie en marche vers une fraternité interethnique, interculturelle.

Le recteur de l'Académie d'Alger, M. Capdecome, nomma un inspecteur de l'Éducation nationale venu du Maroc, chargé de redéfinir les objectifs fondamentaux de ce service et de contrôler la « formation morale » de la jeunesse. Sa mission était d'intégrer ce service dans les cadres administratifs de l'Éducation nationale à laquelle il avait jusqu'alors échappé. Parallèlement à mes activités au sein des Centres Sociaux, je fréquentais le Musée du Bardo et le petit laboratoire de recherches préhistoriques animé par monsieur Lionel Balout. Celui-ci me demanda de concevoir l'exposition touarègue du musée et d'établir l'inventaire des collections. J'élaborais donc des fiches d'ethnographie avec l'inventaire de tous les objets enrichis de pièces nouvelles de mon apport personnel. Le photographe parisien Marcel Bovis eut la mission de photographier ces objets sous ma direction et tout ce travail donna lieu à la publication d'un bel album « Collections ethnographiques », album n° 1, *Touaregs Ahaggar*, en 1959. Cette année 1959 fut aussi celle du cinquantenaire de l'Université d'Alger. Le conseil de l'Université avait bien élu un comité chargé d'organiser cet événement, mais aucun service n'avait compétence pour réaliser matériellement une exposition. M. Balout, devenu doyen de la Faculté des Lettres, proposa mon nom pour réaliser cette exposition dans la salle Gsell de l'université. Avec l'autorisation du directeur des Centres Sociaux et grâce aux crédits qui nous furent attribués, je pus utiliser les compétences des techniciens de mon service (dessinatrices, peintres en lettres, photographes). Je fis construire par le menuisier du musée du Bardo, une trentaine de panneaux de contreplaqués à double face montés sur des pieds de bois triangulaires de notre conception, assurant une grande stabilité à ces panneaux. Car il s'agissait de montrer pour chaque discipline les publications, les thèmes de recherches et des productions depuis cinquante ans, tout en gardant une répartition harmonieuse dans les surfaces et les espaces dévolus à chaque secteur. Je découvris alors l'âpreté des concurrences interdisciplinaires et la paranoïa de beaucoup de professeurs à l'égard de leur territoire, de leur nom et de leur œuvre. Après plusieurs semaines de travail soutenu, l'exposition enfin prête fut le point d'orgue de plusieurs journées de cérémonies qui se terminèrent le dimanche 6 décembre 1959, à la grande satisfaction des professeurs de l'université et du recteur M. Capdecome (qui m'adressa une lettre de remerciement). Comme je suivais aussi les séminaires et les cours de M. Balout au musée du Bardo, j'étais devenu un familier de son équipe qui comprenait déjà Gabriel Camps et son épouse, Jacques Tixier qui mettait au point sa typologie de l'épipaléolithique, Henri Hugot qui étudiait le néolithique saharien, Roger de Bayle des Hermens, M. et Mme Curtès, Franck-Etienne Roubet et Colette son épouse, Liliane Ramendo, M. Esperandieu, vétérinaire, et bien d'autres chercheurs. Lionel Balout, dont l'autorité scientifique et morale à Alger s'affirmait de plus en plus (il avait organisé en 1952 le premier congrès international de Préhistoire nord-africain et publié en 1955 une première synthèse sur la Préhistoire de l'Afrique du Nord), obtint du Gouvernement Général la création d'un Centre Algérien de Recherches Anthropologiques Préhistoriques et Ethnographiques (CARAPE). Cet institut devait doter l'Algérie d'un centre de recherches moderne à la mesure des richesses archéologiques et ethnologiques du pays. Sa construction alla bon train et fut achevée en 1961 alors que la guerre d'Algérie atteignait des niveaux de violences désespérées.

M. Balout cherchait des collaborateurs qui puissent étoffer l'organigramme du CARAPE et j'étais le seul ethnographe potentiel qui avait une expérience saharienne, des aptitudes à la muséographie et une énergie disponible. Mon statut d'instituteur détaché facilitait aussi mon transfert dans tout autre service. En 1959 M. Balout me dit : « Ne voulez-vous pas entrer au CNRS ? » C'est quoi le CNRS ? J'étais éberlué et tout à fait ignorant des carrières qu'offrait le CNRS, qui à l'époque formait ses chercheurs après le baccalauréat en les recrutant d'abord comme stagiaires, puis « attachés » de recherches et ensuite « chargés », lesquels devaient alors présenter une thèse de recherche à l'issue de cinq années dans ce grade. Je remplis donc les deux feuilles de candidature au CNRS en 1959 et, au printemps 1960, M. Balout (qui fait partie de la commission « Préhistoire, anthropologie, ethnologie » du Comité national) me dit : « Vous êtes recruté à partir du 1er octobre 1960 et vous pourrez venir travailler au CARAPE ! »

Durant ce temps, la situation s'était dégradée en Algérie. Nous n'avions plus la même conviction, ni la même foi pour accomplir notre mission aux Centres Sociaux. Une fois de plus la Providence venait m'offrir un changement radical dans ma situation professionnelle. C'était une nouvelle aventure qui allait modifier complètement ma vie en me révélant la dimension que j'avais obscurément recherchée : le rapport à l'Autre, la compréhension du pourquoi et du comment des sociétés que j'avais connues, la fraternité et la convivialité dans ma conception morale de la vie des hommes.

Après l'état d'alerte permanente et de stress dans lequel j'avais vécu jusqu'alors dans mes activités professionnelles, les scènes de violence que nous avions vécues à Alger et dans le quartier où vivait ma famille, mon arrivée au CARAPE dans un grand bureau calme et serein avec des projets plein la tête, fut pour moi une mutation miraculeuse. Cette nouvelle situation m'apparaissait semblable à celle que l'on éprouvait en avion après avoir traversé une zone d'orages et de pluies, pour voler ensuite au-dessus d'une mer de nuages, dans l'azur et le calme de l'espace céleste. J'allais, durant l'été 1960, au Musée de l'Homme glaner les cours d'ethnologie (imprimés à la ronéo) que diffusait André Leroi-Gourhan, (le Centre de formation à la recherche ethnologique n'existait pas encore) et me mis à dépouiller et lire systématiquement toutes les revues et les livres que possédait la riche bibliothèque du CARAPE, grâce à l'apport de celle du Musée du Bardo laissée par son précédent conservateur M. Maurice Reygasse.

Extrait de la brochure
Le Service des centres sociaux en Algérie.
Éducation générale en Algérie, 1957, 95 p.

LA CRÉATION DU SERVICE DES CENTRES SOCIAUX

En prenant possession de son poste à Alger, et dès son premier discours devant l'Assemblée Algérienne, le Gouverneur Général SOUSTELLE, qui avait suivi de près les expériences d'éducation de base réalisées au Mexique, avait indiqué son intention de créer en Algérie des « missions culturelles » destinées à assurer cette promotion des collectivités algériennes. Attachée à son cabinet, Germaine TILLION, ethnologue du Musée de l'Homme, qui connaissait bien l'Algérie et le bled algérien pour y avoir fait de nombreux séjours d'étude, se chargea de concevoir et de mettre au point les nouvelles structures. Dressant l'inventaire des réalisations en cours, dénombrant les insuffisances et les lacunes des formules existantes, tirant les conséquences des réussites ou des échecs qu'elle avait pu constater, elle soumit finalement à la signature du Gouverneur Général l'arrêté de création du service des Centres sociaux dont l'article 1er a été cité ci-dessus et qui figure in extenso en annexe de cette brochure.

Dans le principe, de quoi s'agit-il ? Tout d'abord, de créer une institution assez humble pour qu'elle soit de niveau avec la collectivité la moins évoluée et d'insérer cette institution dans la collectivité au point qu'elle en fasse partie intégrante.

LES MOYENS ET LES BUTS

LES MOYENS : regrouper autour de cette collectivité les activités éducatives et sociales dispersées : instruction élémentaire des analphabètes, préformation professionnelle, éducation domestique et ménagère, éducation sanitaire, éducation civique et sociale.
LES BUTS : Le but premier, améliorer le niveau de vie par le développement des ressources locales, par le « manque à

dépenser » provenant d'une meilleure gestion du budget familial ou de la suppression des intermédiaires, par l'accession à l'emploi et au salaire ; le but second, amener l'homme dans son groupe au niveau de l'institution normale et du système économique contemporain.

A l'inverse de la formule qui consiste à offrir à quelques-uns, que désignent leurs dons ou le hasard, la chance d'une promotion totale et de devenir l'élite, il s'agit **d'offrir à tous les moyens les plus humbles d'une progression collective.** Ainsi, l'entreprise des Centres Sociaux s'inspire-t-elle des principes mêmes de l'éducation de base, et l'effort essentiel du service est-il l'adaptation de ces principes aux besoins locaux (cf. chapitre II : Mission éducative du Centre Social).

Étant donné qu'il s'agit d'une entreprise d'éducation, il était logique que le service des Centres Sociaux, malgré le caractère très divers de ses activités, fût placé sous l'autorité du directeur général de l'Éducation Nationale en Algérie. Situé dans ce cadre, le service bénéficie de la confiance que les populations mettent instinctivement dans l'enseignement et il se trouve naturellement amené, de par la formation première d'une partie de son personnel, à étudier particulièrement les problèmes pédagogiques. Cependant, s'il a ainsi l'avantage d'une part de pouvoir mettre l'accent sur les problèmes permanents, d'autre part, étant une institution laïque, d'être tenu à une stricte neutralité politique, il connaît en contrepartie des difficultés plus grandes à établir des liaisons étroites de travail avec les services qui ne dépendent pas de la direction générale de l'Éducation Nationale (Santé publique, Travail et main-d'œuvre, Agriculture, etc...) services vers lesquels il achemine, pour ainsi dire, sa clientèle puisqu'il est l'intermédiaire entre la collectivité et l'institution.

DÉFINITION ET CARACTÉRISTIQUES DU SERVICE DES CENTRES SOCIAUX

Dès les premières semaines de son existence, le service des Centres Sociaux eut cette préoccupation d'établir des liaisons avec les services voisins et nous rappellerons, pour terminer ce premier chapitre, les principales définitions et les principales règles d'action mises au point au cours des premières tournées

d'études qui réunirent au Centre Éducatif d'El-Riath, dans les premières semaines de décembre 1955, tous ceux qui pouvaient être intéressés par la création et le développement de ce nouveau service. Ces textes ont été publiés en avril 1956, dans le premier numéro du bulletin de liaison, d'information et de documentation édité par le service. Nous disions alors :
« La tâche du Centre Social revêt quelques caractères essentiels.
• **Son humilité :** Le Centre Social enseigne les notions de base : compter, lire (un peu), écrire (un peu) ou signer, se soigner, se vêtir, équilibrer son alimentation, augmenter son revenu, « se défendre » dans la vie de tous les jours ;
• **Son caractère utilitaire :** L'éducation qu'il donne a pour but avoué : augmenter le niveau de vie, par une santé meilleure, par l'accès au travail, par l'amélioration ou la création de ressources, par l'adaptation au milieu social et administratif dans lequel se trouve placé l'homme d'aujourd'hui ;
• **Son souci d'auto-éducation :** Le Centre Social essaie d'amener les intéressés à sentir la nécessité d'une adaptation et d'une évolution, et il met des éducateurs à leur disposition pour les aider à s'aider eux-mêmes. »

Et tentant de dégager l'esprit qui doit animer le Service et les principes qui doivent guider son action, les participants aux journées d'études adoptèrent le texte suivant :
I. - **Le Centre Social est un ensemble de moyens éducatifs.**
i.e. : une équipe d'éducateurs travaillant ensemble dans les divers secteurs éducatifs, hygiène, santé, préformation professionnelle, enseignement ménager, lutte contre la misère…
II. - **Il est destiné à donner une éducation de base à des collectivités.**
i.e. : ses buts et ses méthodes sont, par définition, très différents des buts et méthodes des institutions existantes, de l'école par exemple.
III. - **Il suscite l'institution et dirige vers elle :**
i.e. : instrument d'un dégrossissage collectif, il fait prendre conscience du besoin d'institutions normales, ou, si elles existent, a le constant souci :
1°) de faire qu'elles soient utilisées au maximum ;
2°) de ne jamais empiéter sur leurs attributions.
IV. - **Il cherche à tous les échelons la collaboration avec les Pouvoirs Publics.**

V. - **Il cherche à tous les échelons la coordination des efforts éducatifs.**
VI. - **Il s'efforce de collaborer avec tous les organismes publics et privés qui font œuvre éducative et sociale désintéressée :** il soutient particulièrement et éventuellement subventionne toutes les initiatives qui pourraient être prises sur le plan local dans le cadre de son plan d'action.
VII. - **Il appuie son action sur les besoins réels exprimés par les intéressés,** avec le double souci de ne pas couper ceux qu'il éduque de leur milieu, tout en les amenant à s'insérer dans la conjoncture politique, économique et sociale.
VIII. - **Il oriente son action vers le gagne-pain et le mieux-être.**
IX. - **Il suscite la collaboration de ceux qu'il éduque**, appuyant son action sur la notion d'entreprise collective et de coopération.
X. - **Il situe son action sur le plan humain, sans la lier aux préoccupations politiques** du moment et en refusant de faire le jeu des propagandes.

Cet historique sommaire, cet énoncé des principes de base ont paru nécessaires pour situer le service des Centres Sociaux dans son temps, au milieu des collectivités qu'il prend en charge et en face des possibilités et des difficultés qu'il rencontre. En fait, sur le terrain, c'est au Centre Social que nous avons affaire, à son équipe d'éducateurs, à son rôle concret, à sa structure matérielle.

Un nouvel horizon : la recherche au CNRS

Une question lancinante s'était constamment posée à moi durant mes années sahariennes, et plus tard dans ma découverte de l'Algérie du Nord :
Pourquoi tant de gens meurent-ils de faim ? Quelles seraient les solutions à cet immense problème ?

À mon époque, où ces questions n'étaient guère abordées en clair, seul le livre de Josué de Castro *Géographie de la faim,* publié en 1961, faisait exception. Mais le livre que je découvris dans mes recherches préliminaires, qui orienta ma méthodologie et structura mon programme, fut celui du docteur A. Maurizio (professeur à l'université de Varsovie) *Histoire de l'Alimentation végétale, depuis la préhistoire jusqu'à nos jours* (Payot, Paris, 1932)
Ma propension à m'aventurer en pionnier dans des secteurs entièrement nouveaux et à défricher, allait trouver là un immense champ de recherche, qui dans les années soixante était négligé, sinon méprisé par les ethnologues (Claude Lévi-Strauss n'avait pas encore publié ses livres sur l'alimentation).

Mes relations avec les populations sahariennes, qui avaient été interrompues durant quatre années aux Centres Sociaux, allaient reprendre en profondeur, méthodiquement, avec une passion nouvelle devant satisfaire des programmes des publications, un travail d'équipe à travers des missions d'exploration, des expositions, conférences et séminaires à l'Institut de recherches sahariennes, l'université, le Centre culturel français, etc.

La proclamation de l'indépendance de l'Algérie le 5 juillet 1962 risquait de remettre en cause l'existence du CARAPE et nos situations administratives et universitaires. M. Gabriel Camps assuma avec courage cette période transitoire et incertaine après le départ de M. Balout en dirigeant à la fois le musée du Bardo et le CARAPE (devenu CRAPE) qui prit un essor considérable jusqu'à la fin de son mandat en 1969. Dans les soubresauts de la fin de la guerre d'Algérie, les révoltes de l'armée et la naissance de l'OAS, l'exaspération des ennemis des Centres Sociaux fut portée à son comble, à tel point que le 15 mars 1962 un commando en civil, armé comme pour une opération militaire, débarque à El-Biar (au lieu-dit Château-Royal, siège des Centres Sociaux) au milieu d'une réunion de travail de tous les responsables de ce service, interpelle tous les inspecteurs et le directeur M. Max Marchand, les aligne devant un mur pour les fusiller au fusil-mitrailleur comme des condamnés de guerre. Le chef du commando s'assura de leur mort en les achevant un à un d'un coup de pistolet dans la tête. Les six hommes ainsi assassinés s'appelaient : Robert Aimard, Marcel Basset, Mouloud Feraoun, Ali Hamoutène, Maxime Marchand et Salah Ould-Aoudia (voir le livre : *L'assassinat de Château-Royal*, Alger 15 mars 1962, de Jean-Philippe Ould-Aoudia, Éditions Tiresias, 1992). J'avais échappé quant à moi à cette tuerie, car je faisais partie de ce groupe de responsables que je connaissais bien, et qui étaient un an auparavant mes compagnons de travail.
Cet événement nous glaça le cœur. Il semble bien que le chef de ce commando fut le lieutenant Degueldre, chef des commandos « Delta » de l'OAS à Alger. Le 7 avril, Degueldre est arrêté et jugé pour de tout autres crimes, sans que l'attentat de Château-Royal ne soit évoqué. Il est fusillé le 6 juillet au fort d'Ivry et enterré dans le cimetière de Thiais.

Le service des Centres Sociaux éducatifs décapité perdit son âme et les utopies généreuses qui présidaient son existence. Aucun service de police, des renseignements généraux de la DST ou autres instances, ne s'avisa d'enquêter sur cet attentat et ses commanditaires. Le mystère de cette tuerie dure encore et fait toujours partie des affaires non élucidées sur la guerre d'Algérie (et malgré l'enquête courageuse de Jean-Philippe Ould-Aoudia).

Les incertitudes à l'approche de l'indépendance de l'Algérie

Dès mon recrutement au CNRS, je décuplais de curiosité et d'efforts pour assurer ma formation en suivant les cours à l'université d'Alger, les séminaires de recherche, les missions et explorations du CRAPE ; je préparais alors un vaste programme de recherche sur l'alimentation des populations du Sahara central, leur système de production, les problèmes institutionnels et économiques en zone désertique.

Une première mission d'un mois en mai 1961 entre Tazrouk et Idelès, me permit de tester mon adaptation au « terrain », de commencer à défricher mes premiers objectifs concernant le vocabulaire ethnobotanique, les systèmes de mesure (temps, calendrier, capacités, longueurs et surfaces), les rythmes saisonniers des cultures et des fêtes, les rations alimentaires, etc. Une deuxième mission en novembre-décembre 1961 fut davantage orientée vers la visite de centres de cultures pour mieux connaître les productions agricoles et rechercher, parmi des dizaines d'interlocuteurs, les meilleurs informateurs concernant les domaines de mes recherches. Mes enquêtes s'effectuaient en arabe dialectal saharien, voire en français, mais aussi en tamâhaq, langue berbère de l'Ahaggar. Elles pouvaient faire l'objet de conversations amicales, d'observations directes au sein de familles amies, ou quelquefois de questionnaires précis. J'usais assez peu d'enregistrements sonores (faute de moyens financiers) mais je prenais en revanche beaucoup de photos. Chacune de ces missions était si riche qu'il me fallait plus de six mois de travaux en laboratoire pour classer mes récoltes et redéfinir mes nouvelles enquêtes.

Voyant arriver la grande mutation politique du pays et ne sachant pas si mon travail de recherche pourrait perdurer, je demandais à repartir au Hoggar de juin à août 1962, en pensant que ce serait peut-être ma dernière mission. Mes bonnes relations avec tous ceux que je connaissais en Ahaggar (dont certains de longue date) me permettaient d'espérer que la proclamation de l'Indépendance le 5 juillet 1962 ne serait pas dramatique. C'était sans compter la brusque montée de fanatisme de certains jeunes de Tamanrasset qui d'ailleurs n'avaient jamais participé à quelque mouvement que ce soit, et qui jouaient tout d'un coup les gros bras en se promenant avec de grands couteaux à la ceinture (et qui s'imaginaient que le grand égorgement des Français devait être imminent). Je me trouvais fin juin 1962 dans le village d'Idelès chez mon ami Guy Barrère, directeur de l'école, et qui se trouvait absent pour quelques jours en voyage à Tamanrasset. Le capitaine Parisse, responsable du Centre administratif saharien d'Idelès, avait aussi rejoint Tamanrasset pour recevoir les ordres du colonel français (colonel Nivaggioni) commandant du territoire de Tamanrasset et qui avait la responsabilité d'accueillir les troupes de l'ALN le 5 juillet. J'étais donc à Idelès le seul Français avec le secrétaire du CAS, C. Delage qui attendait lui aussi les ordres de Tamanrasset et le retour du capitaine. Pour tromper notre ennui, nous décidâmes d'aller nous promener sur une montagne en face du village et appelée le « Rocher de chiens ». Nous étions à peine arrivés au sommet de ce mont d'où l'on dominait très bien le paysage, que l'on aperçut deux individus, l'un en blanc, l'autre en gandoura bleue flottant au vent, et suivis d'un troisième, grimper rapidement dans notre direction. L'on reconnut l'un d'eux, familier d'Idelès un hartani nommé El Hacène, mais les deux autres nous étaient inconnus. C'était deux Touaregs faméliques aux yeux vindicatifs et plutôt agressifs.

Nous sûmes par la suite que l'un était de la famille des Iberdjan et l'autre un nomade de la *tawsit* des Aït Loaïen, et qu'ils faisaient partie d'un réseau d'agents civils organisés par Mouley Ahmed (chef FLN à Tamanrasset) qui surveillait le territoire en cette période incertaine.

L'on nous interpella rudement sur cette escapade, car désormais ce « n'était plus les Français qui commandaient le pays, mais les Arabes » ! Il nous fallait rentrer immédiatement dans nos maisons en attendant « les ordres ». Nous ne pouvions prendre au sérieux les menaces de ces trois personnages qui n'avaient aucune autorité déclarée, ni aucun mandat selon nous, malgré leur colère et les armes blanches qu'ils arboraient (*takouba* et poignards). Comme nous parlions tous deux l'arabe dialectal, nous les avons taquinés tout en obtempérant à leurs sommations. Nous revînmes donc à nos bâtiments et l'on attendit le lendemain.

C'est alors que dans la matinée Bouâmama, le chef du village, vint nous dire avec beaucoup d'émotion que les *moudjahidin* étaient arrivés. Nous vîmes deux voitures tout-terrain s'arrêter prudemment en lisière du village, près du quartier appelé « le Bourg », où se trouvait le centre administratif. Deux officiers de l'ALN, assistés du chef du village et de quelques curieux, s'approchèrent sanglés dans des habits militaires tout neufs, mitraillette à la main, bardés de grenades, chargeurs et pistolets. L'un d'eux parlait un peu français et servait de traducteur au second qui paraissait d'un grade supérieur. Voyant leur embarras nous déclarions que nous pouvions parler en arabe et nos interlocuteurs s'illuminèrent de joie, décrispés tout d'un coup, en nous parlant comme à des « frères ». Nous les avons mis tout à fait à l'aise en leur disant qu'ils pouvaient s'installer dans tous les locaux administratifs avec leur troupe, sauf dans l'appartement du capitaine dont le retour devait être rapide. Les hommes de troupe apparurent alors, eux aussi vêtus de neuf avec armes et chapeaux de brousse, apparemment bien disciplinés. Le lendemain matin les officiers nous invitèrent à passer leur troupe en revue, en lignes bien rangées devant tout le village rassemblé. Leurs consignes dans le discours en arabe prononcé par l'officier étaient que désormais ils représentaient l'ordre et la légalité, que les Français présents étaient sous leur protection et que nul ne devait leur porter atteinte. À leur question : « Avez-vous été menacés ou malmenés avant notre arrivée ? », l'on répondit par la négative en taisant le petit incident lors de notre promenade deux jours auparavant. Je constatais par la suite que les consignes du FLN dans toute l'Algérie indépendante après le 5 juillet 1962, étaient d'interdire aux populations tout déferlement visant à égorger les Français qui résidaient encore en Algérie. Car la populace croyait naturellement que tout devait être permis, et que les égorgements seraient systématiques. Les enfants du quartier où nous habitions à Baïnem chantaient en français : « prenez vos pistolets, pour tuer les Français », et notre cour était jonchée de têtes de poupées décapitées rituellement. Mes parents, qui habitaient dans un petit HLM à Guyotville (où ma sœur était institutrice), avaient appris que tous les habitants de la « cité indigène » au-dessus du village s'étaient armés pour égorger les Français. Mais l'ALN et le FLN avaient donné des ordres stricts pour empêcher ces débordements. Je repartis avec une occasion de véhicule allant sur Tamanrasset et découvris la liesse populaire, l'exaltation d'individus qui n'avaient jamais milité politiquement, mais qui affichaient désormais un nationalisme tapageur et débridé par des chants nationalistes, des danses et la proclamation de slogans répétés sur toutes les ondes que le parti FLN diffusait comme profession de foi : un seul héros, le peuple ! La terre à ceux qui la travaillent, un seul pays, l'Algérie, etc.

Les cérémonies du 5 juillet furent grandioses et tout à fait conformes aux accords d'Évian sur la passation de pouvoir. Le capitaine Ahmed Draya (dont la Katiba avait été détruite dans le Constantinois, et qui s'était réfugié au Mali) arrivait

triomphant, grand, barbu et saluait la foule de son chapeau de brousse, à la manière de Fidel Castro, à la tête d'une troupe d'environ deux cents soldats en tenue kaki entièrement neuve, avec fusils et mitraillettes, marchant correctement au pas cadencé, drapeau algérien en tête. Cette troupe s'arrêta devant l'esplanade du fort militaire au centre-ville. Le colonel Nivaggioni vint saluer le capitaine Draya, un détachement militaire français (une quinzaine de soldats) rendit les honneurs à la troupe algérienne ; le drapeau français fut amené, pour être remplacé par le drapeau algérien hissé dans une clameur de cris, de rafales de mitraillettes, de souhaits et de youyous suraigus.
Les troupes rejoignirent leur casernement respectif, des fêtes et danses furent organisées dans tous les quartiers. Aucun incident n'entacha ce changement de régime ; les militaires français furent consignés, et les quelques autres Français résidents se firent discrets. Je retrouvais l'un des officiers de l'ALN rencontré à Idelès avec lequel j'eus de longues conversations. Par précaution je lui demandais une attestation en bonne et due forme affirmant que j'étais en mission de recherche en juin et juillet 1962 en Ahaggar ; celle-ci signée par le responsable de la wilaya du Hoggar, authentifiée par son tampon. Cette attestation me sauva la vie à mon retour à Alger à la fin juillet. Car dans les grandes villes comme Oran et Alger, les troupes de l'ALN traumatisées par l'OAS ne furent pas aussi sereines qu'au Sahara. Les militants arrêtèrent durant cette période de juillet à septembre des centaines de jeunes Français qui disparurent à jamais.

Il m'arriva de rencontrer Ahmed Draya en visite privée au musée du Bardo accompagné de René Vauthier (le réalisateur du film « Avoir vingt ans dans les Aurès ») en mars 1964. Ahmed Draya était colonel et commandait les compagnies nationales de sécurité (CNS) qu'il avait créées en recrutant essentiellement des Sahariens. À ma question : « Comment avez-vous débarqué dans le Hoggar ? » Il me répondit : « Notre arrivée dans le Hoggar a été consécutive à environ quinze mois de préparation avant l'indépendance. Nous avons contacté l'aménokal, d'autres chefs touaregs ainsi que Mouley Ahmed. Des Touaregs iforas nous ont aidés à transporter des armes sur le nord vers Adrar et Timimoun. Bey ag Akhamouk a toujours été indécis ; en revanche Sidi-Moussa a eu plusieurs contacts avec nous. Nous nous sommes installés à Tahart (fief du Taïtoq Ellou ag Amareï) car c'était une position stratégique à l'égard de Tam et de replis vers les routes du nord et celle du sud. Ellou nous a été tout dévoué ainsi que les gens de sa tribu ; nous n'étions pas rejetés vers le Tanezrouft. » Ellou ambitionnait d'être, après l'indépendance, le chef principal de l'Ahaggar en évinçant l'aménokal Bey ag Akhamouk. Mais ce fut Sidi-Moussa (demi-frère de Bey) devenu Hadj Moussa qui devint le principal interlocuteur du parti et de l'armée.

Ayant évacué ma famille par l'aéroport militaire de Boufarik en mai, je revins seul dans notre maison de Baïnem en août pour me préparer à partir en vacances en France après avoir revu mes parents à Guyotville. Personne ne pouvait prévoir le devenir immédiat de l'Algérie indépendante. Je m'apprêtais à prendre le bateau avec le maximum d'objets à emporter (tapis, vaisselle notamment) ne sachant pas dans quelles conditions nous pouvions revenir. Mais n'ayant pu embarquer mes bagages, au retour du port d'Alger vers Baïnem, je suis arrêté à la sortie d'Alger par un barrage de police militaire comme il y en avait un peu partout sur les grands axes. Cependant, au lieu de se livrer sur place à un contrôle d'identité et une fouille du véhicule, l'officier qui visiblement commandait ce barrage, monte à mon côté en me demandant de suivre la Jeep qui nous précédait. « L'on va fouiller votre véhicule au poste de commandement et examiner votre cas ! » me dit-il.

Pourquoi moi, me disais-je, alors que la plupart des véhicules étaient contrôlés sur place et libérés ensuite. J'avais une Peugeot 403 beige qui était un type de véhicule fréquemment utilisé par l'OAS. Était-ce la raison de cette suspicion ? Toujours est-il que nous filons sur la côte à l'ouest d'Alger pour nous rendre au lieu-dit La Madrague, ensemble de villas au bord de la mer, après le village du Guyotville (Aïn Banian, aujourd'hui). À l'entrée d'une grande villa, dont le parterre extérieur était jonché de postes de télévision avec des hommes en armes sur le qui-vive, nous entrons dans une pièce où l'on me demande tous mes papiers en attendant la fouille minutieuse de mon véhicule. « Prouvez-nous que vous n'avez pas quitté le territoire national avant l'indépendance », me dit l'officier. « J'ai été absent deux mois en juin-juillet, lui répondis-je ; j'ai dans mon porte-documents mon ordre de mission, mais aussi une attestation de la wilaya du Sahara sur ma présence à Tamanrasset. » « Ne touchez à rien, nous allons vérifier tout cela ! » L'officier part s'isoler avec mon porte-documents pendant que deux soldats mettent sens dessus dessous toutes mes affaires dans mon véhicule, sans découvrir quoi que ce soit de prohibé.

Comme mon attestation était tout écrite en arabe, j'ai eu l'impression que sa lecture était laborieuse. Cependant, au bout d'une quarantaine de minutes durant lesquelles j'imaginais toutes sortes de scénarios (un mitraillage dans mon auto, mon nom dans le journal, porté disparu, etc.), l'officier revint avec mon porte-documents : « Vous êtes en règle et nous sommes trop heureux de trouver des gens comme vous ! » J'éprouvais un grand soulagement, je le remerciais et il m'invita à partir. Mais dehors, les deux gardes, mitraillette à la main, m'apparaissaient comme des chasseurs qui voient filer leur gibier. Je démarrais lentement, les yeux fixés sur mon rétroviseur, prêt à accélérer brusquement en me baissant pour échapper à une éventuelle rafale de mitraillette. Car jusqu'au dernier moment, malgré mon calme et ma sérénité apparente, je me suis demandé si tout cela n'était pas une ruse pour s'emparer de mon véhicule.

J'arrivais chez moi fébrile, résolu à partir en vacances le plus tôt possible, mais décidé à protéger notre maison en y logeant quelqu'un qui voudrait bien l'occuper pour éviter les pillages qui commençaient dans notre rue. La technique des occupants illégaux était la suivante : ils vidaient entièrement une maison en déposant son mobilier ailleurs dans une autre maison ou un magasin ; ils échangeaient les mobiliers pour le cas où les propriétaires revenant, ceux-ci ne puissent revendiquer les nouveaux équipements qui ne leur appartenaient pas. Ainsi donc, les squatters pouvaient affirmer s'être installés avec leurs meubles dans une maison qu'ils avaient trouvée vide. Mais hélas ! aucun propriétaire ne revint et le service des biens vacants ne put déménager les nouveaux occupants. Je rencontrais au bar de notre quartier un homme affable, originaire d'Aumale, qui souhaitait passer l'été au bord de la mer. C'était pour moi une aubaine ; cependant je lui proposais d'aller au commissariat de police établir une espèce de contrat l'autorisant légalement et gratuitement à occuper notre maison jusqu'à notre retour de vacances. Ce qui fut fait le jour de mon départ ; je lui donnais toutes mes clefs après avoir rangé à part dans une pièce nos vêtements et objets personnels. Car je ne savais pas encore dans quelles conditions nous pourrions revenir et quand exactement.

Durant notre séjour à St-Germain-en-Laye (chez mes beaux-parents) je rencontrais M. et Mme Camps à Paris pour discuter de notre éventuel retour en Algérie. M. Camps me dit alors : « Je veux retourner à Alger en septembre, ouvrir le musée du Bardo et reprendre les activités du CRAPE. Voulez-vous faire partie de mon équipe ? » J'acquiesçais naturellement, car les possibilités que j'avais d'intégrer une formation de recherche à Paris ou ailleurs ne m'enchantaient guère et que je désirais continuer mes recherches en Algérie. Gabriel et Henriette Camps repartirent courageusement comme ils l'avaient prévu en septembre 1962 dans un bateau où ils furent les seuls passagers, car tous les transports d'Algérie vers la France étaient bondés, mais il n'y avait plus de passagers en retour tant les risques étaient grands. Je revins à mon tour avec ma famille en octobre et nous récupérions sans dommage notre maison de Baïnem. M. Camps me proposa alors d'occuper l'appartement laissé par le gardien chef du musée jouxtant le CRAPE d'une part et le Palais d'été du gouverneur général d'autre part, devenu le « Palais du Peuple », l'ensemble sous bonne garde. Cette situation géographique nous accordait apparemment un statut privilégié vis-à-vis des Algériens qui nous percevaient comme des protégés des Autorités, ainsi que M. et Mme Camps logés dans l'appartement du directeur dans les bâtiments du CRAPE.

M. Camps, bien décidé à vivre avec sa famille dans l'Algérie indépendante en y mettant toute son énergie, cumula alors un ensemble de responsabilités qu'il était seul capable d'assumer : professeur à l'université d'Alger, directeur du CRAPE, directeur du Musée du Bardo, directeur de l'Institut de Recherches Sahariennes en succession du professeur Robert Capot-Rey, directeur de la revue *Libyca* (Anthropologie, Préhistoire, Ethnologie).

Ce cumul de mandats n'était pas dû à une ambition personnelle, mais à la vacation de postes que l'administration algérienne n'avait pu pour le moment pourvoir, et qui représentait un ensemble cohérent dans le domaine de la recherche.

M. Camps était en outre membre nommé à la commission du Comité national du CNRS à Paris (anthropologie, préhistoire et ethnologie) et membre de droit du Comité de coopération scientifique qui évaluait chaque année les travaux du CRAPE. Car notre centre faisait partie d'un ensemble de quatre instituts de recherche (Institut de recherches océanographiques, Institut de recherches sur le cancer, et Centre de recherches nucléaires) qui, selon les prévisions des Accords d'Évian, devaient être gérés durant quatre ans par la coopération française pour devenir ensuite franco-algériens puis totalement algériens. Des budgets corrects étaient accordés par la coopération et le CNRS sur les projets précis et chiffrés de nos programmes. L'achat de véhicules pour les missions sahariennes et les besoins administratifs, l'embauche de personnels techniciens dans le cadre de la coopération ou du CNRS (chauffeurs, mécaniciens, secrétaires, dessinateurs...) nous permettaient une autonomie d'action et de réalisations que nous n'aurions jamais obtenue en territoire français. Le directeur avait toute autorité pour établir nos ordres de missions sur toute l'Algérie, en sorte que nous avions le maximum de moyens et de possibilités pour travailler avec efficacité.

La gestion énergique de M. Camps, son autorité et ses compétences scientifiques, la pédagogie qu'il déployait pour faire participer tous les personnels aux missions sur le terrain, aux séminaires et aux travaux de laboratoire, engendraient une synergie et une passion telles, qu'il fallait souvent prier les plus acharnés des chercheurs à bien vouloir quitter leurs bureaux entre minuit et une heure du matin.
Les résultats concrets de ces travaux de 1962 à 1969 furent spectaculaires : plus de vingt livres et thèses publiés, des centaines d'articles, dix volumes de revue scientifique, sans compter les participations aux colloques internationaux, les conférences et expositions au musée du Bardo et ailleurs.
Ces sept années de travaux après l'indépendance de l'Algérie nous furent les meilleures et les plus heureuses à tous points de vue. L'avènement de mai 1968, la politique algérienne devenue hostile aux sciences humaines (histoire, archéologie, ethnologie en particulier) allaient opérer une rupture radicale dans nos liens et nos travaux avec l'Algérie.
L'installation de l'équipe dirigée par M. Camps à l'université d'Aix-en-Provence en octobre 1969 ne fut guère facile. Il fallut repartir vers de nouvelles conquêtes et de nouveaux combats, dans une France doublement traumatisée par la guerre d'Algérie et les chaos de mai 1968.

C'est alors que l'énergie, le savoir-faire et la foi dans notre travail que nous avions acquis en Algérie, nous permirent de ne pas désespérer et de reconstruire pierre à pierre de nouvelles structures, de concevoir de nouveaux programmes dans des conditions souvent remises en cause.

Conclusion

L'appétit de vivre, d'apprendre, de connaître, l'énergie et la foi qui nous ont portés durant toutes ces années faisaient partie de l'état d'esprit pionnier qui animait à divers titres tous ces Français d'Algérie venus à l'origine de tous les horizons de la Méditerranée. Explorer, conquérir, bâtir, innover allaient de pair avec le dynamisme créateur que la plupart d'entre eux exprimaient. Les instituteurs et institutrices de la République ont été souvent les héros anonymes et modestes de cette époque coloniale certes, mais généreux et désintéressés. Leurs témoignages sont encore trop rares tant les blessures de la guerre d'Algérie sont encore vives et présentes. Les rescapés des camps de concentration nazis ont dû attendre quarante ans pour être entendus et pouvoir témoigner. Le moment de ces témoignages n'est-il pas venu pour tous les Français d'Algérie ?

La richesse que nous avons acquise en traversant plusieurs cultures, plusieurs langues, nous a dotés d'un capital émotionnel, d'une capacité à mieux comprendre les autres et leurs différences, d'acquérir aussi la tolérance désormais indispensable dans nos sociétés métisses aujourd'hui.

Mais il existe en plus dans nos rapports réciproques au Maghreb et au Sahara méditerranéen, une espèce de fluide secret de reconnaissance mutuelle, difficile à analyser, complexe à expliquer. Cette communauté de perceptions et d'aptitudes qui fait dire à certains groupes de pensée à propos d'un individu : « Il est des nôtres ! », est à la base de tout échange. Il est fait d'une somme de codes, de complicités au niveau des langages, de leur histoire et de celle des hommes avec leurs faiblesses, leurs qualités, leur sens de l'honneur et leur fierté. Les anecdotes sur ces thèmes sont nombreuses du nord au sud. À côté des susceptibilités raciales, ethniques, culturelles ou religieuses, il existe toujours un humour local, très vivant qui marque le dynamisme de ces sociétés et leur vitalité. Quand le nouveau venu subit les conversations intarissables de gens dont il ne comprend pas la langue, il se demande toujours : « Mais de quoi peuvent-ils bien parler ? » Eh bien ! De tout et de rien, avec des critiques pleines d'humour qui font partie d'une thérapie collective déchargeant les humeurs et les ressentiments éventuels ainsi pulvérisés par la dérision. C'est la raison pour laquelle les retrouvailles sont toujours joyeuses, fraternelles et chaleureuses entre amis, quand les souvenirs, bons ou mauvais, jalonnent une trame de vie commune après une longue absence.

C'est ainsi qu'après une coupure de quatre années entre 1956 et 1961, j'ai retrouvé avec bonheur mes amis sahariens du Hoggar en pleine mutation socio-économique et encore davantage après 1962. Une dizaine d'instituteurs avaient continué de pratiquer l'école sous la tente chez l'aménokal, au Tamesna, à Tarhaouahout, mais plus du tout dans l'Atakor. Ces classes spéciales furent supprimées après 1962 au profit de pensionnats parfois importants comme ceux de Tamanrasset, Idelès, Tazrouk et Abalessa. Les enseignants étaient alors tous algériens, mis à part quelques professeurs coopérants français encore présents dans les collèges d'enseignement secondaire jusqu'à l'arabisation totale de l'enseignement en Algérie.

Quelques-uns de nos anciens élèves arrivés au niveau de la classe de troisième ou même à celui du baccalauréat (l'un d'eux put même présenter une thèse d'université) furent quelquefois enseignants à leur tour, mais changèrent très vite de métier pour choisir des carrières plus rémunératrices : entreprises de construction, import-export, agences touristiques, etc. Leur avantage de parler trois langues : français, arabe et tamâhaq et quelquefois anglais, leur donnait des atouts sur tous les autres.

Cependant, malgré leurs capacités de gestionnaires du pays, l'état de centralisation de l'Algérie et la méfiance politique à l'égard de toute manifestation culturelle régionale, leur a fermé l'accès aux carrières administratives et politiques. En sorte qu'encore aujourd'hui les chefs de daïra (équivalents à sous-préfet) et wali (préfet) sont toujours des fonctionnaires venus du nord, formés par l'École Nationale d'Administration et modelés par le parti du Président. Ces fonctionnaires, nommés sur ordre, ne connaissent guère ce pays à deux mille kilomètres d'Alger, attendent la fin de leur mandat sans porter beaucoup d'intérêt ou d'attention à la culture locale (mis à part quelques exceptions). Ce divorce latent provoque parfois des malentendus ou des révoltes quand les injustices sont trop flagrantes. Ce manque de confiance engendre, avec bien d'autres facteurs, un mépris réciproque et des activités parallèles qui favorisent une contrebande devenue internationale à l'échelle de l'Afrique tout entière. La disparition du système d'auto-contrôle des sociétés traditionnelles et l'absence d'une véritable démocratie ont aboli les références morales de la société qui, saisie de stress et de doutes, n'a de refuge que dans la religion. Et les bandits, maîtres de contrebande, se parent de missions religieuses en occupant le vide idéologique d'une société qui a besoin de nouveaux repères. Pourtant le Sahara ne manque pas de personnalités compétentes et honnêtes qui aiment leur pays et seraient à même de le diriger efficacement. Comment les tenants du pouvoir peuvent-ils ignorer ces potentiels tant ils sont aveuglés par l'obsession de se maintenir en place ?

L'avenir sera à la mesure de ce que les hommes auront investi dans leur devenir, par leur foi, leur imagination, leur énergie et leur travail.

Ouvrages du même auteur

1965 - *Mils et sorghos en Ahaggar, étude ethnologique et nutritionnelle,* en collab. avec J. Adrian (Mémoire du CRAPE IV, Alger). Paris, AMG, 59 p.

1968 - *Alimentation des populations de l'Ahaggar, étude ethnologique* (Mémoire du CRAPE VIII, Alger). Paris, AMG, 468 p., 72 pl. h. t., 46 fig.

1969 - *Le lait et les produits laitiers en Ahaggar,* en collab. avec J. Maubois et J. Adda, INRA (Mémoire du CRAPE XIV, Alger). Paris, AMG, 72 p., 12 tabl., 16 pl. photos.

1979 - *Les techniques de conservation des grains à long terme. Leur rôle dans la dynamique des systèmes de culture et des sociétés.* t. 1, sous la direction de M. Gast et F. Sigaut. Paris, CNRS, 232 p.

1981 - *Les techniques de conservation des grains à long terme. Leur rôle dans la dynamique des systèmes de culture et des sociétés.* t. 2, sous la direction de M. Gast et F. Sigaut. avec la collab. de A. Bruneton Governatori. Paris, CNRS, 239 p.

1985 - *Les techniques de conservation des grains à long terme. Leur rôle dans la dynamique des systèmes de culture et des sociétés.* t. 3, sous la direction de M. Gast et F. Sigaut, C. Butler et O. Buchsenschutz. Paris, CNRS, vol. 1, 376 p ; vol. 2, 296 p.

1986 - *L'accès au terrain en pays étranger et outre-mer,* sous la direction de M. Gast et M. Panoff, Paris, l'Harmattan, 304 p.

1987 - *Hériter en pays musulman, habous, lait vivant, manyahuli,* sous la direction de M. Gast, Paris, CNRS, 302 p.

1993 - *Des coffres puniques aux coffres kabyles,* en collab. avec Y. Assié, Paris, CNRS éditions, 252 p.

2000 - *Moissons du désert. Utilisation des ressources naturelles au Sahara central.* Éditions Ibis Press, 160 p.

Remerciements

C'est grâce à l'insistance amicale d'Hélène Claudot-Hawad que j'ai fini par évoquer tous ces souvenirs, d'abord oralement, puis par écrit.

Je dois aussi remercier Edwige Munoz pour son travail de déchiffrage des bandes sonores, Christine Durand pour le tirage de certaines de mes photos, et Odile Archent pour la saisie informatique de tous mes textes.

Achevé d'imprimer en octobre 2004
Dumas-Titoulet Imprimeurs - Saint-Étienne - France
Imprimeur n° 41125